Andrew Phillip Smith

Die verborgenen Worte Jesu

Andrew Phillip Smith

Die verborgenen Worte Jesu

Jesus in Gnosis, Koran und Neuoffenbarung

aus dem Amerikanischen von
Michael Windgassen

Lüchow

Meiner Frau und meinem Sohn

Das Motiv auf dem Umschlag zeigt eine Montage des so genannten Volto Santo (heiliges Antlitz), das seit 1638 in der Kapuzinerkirche in Manopello, Italien, aufbewahrt wird, mit einer russischen Ikone aus dem 17. Jahrhundert.

The Lost Sayings of Jesus: Annotated and Explaind
Original Edition published in English by Skylight Paths Publishing
Woodstock, VT 05091 USA
www.skylightpaths.com
Deutsche Erstausgabe

Umschlaggestaltung: Margret Russer, München
Umschlagfoto: © Pizzoli Alberto/Corbis Sygma
Gestaltung und Satz: Ingeburg Zoschke, Berlin
Druck und Bindung: GGP Media GmbH, Pößneck
Printed in Germany

ISBN 978-3-363-03122-5
www.luechow-verlag.de

Inhalt

Vorwort

Stephan A. Hoeller

Die Person des Begründers der christlichen Religion war und ist eine Herausforderung für Gläubige und Nichtgläubige gleichermaßen. Rückblickend auf die frühste Phase in der Geschichte der Christenheit, finden wir im Matthäus-Evangelium (16,13) einen Bericht über Jesus, der seine Jünger nach ihrer Einschätzung seiner Person befragt. Diese geben in ihren Antworten jene unterschiedlichen Meinungen wieder, die zur damaligen Zeit in der Bevölkerung von Judäa kursierten: »Viele sagen, du wärest Johannes der Täufer; andere, du wärest Elia; manche, du wärest Jeremia oder einer der Propheten.« Man könnte meinen, dass sich der Stand der Diskussion um dieses Thema seit den von Matthäus geschriebenen Zeilen nicht sonderlich verändert hat. Es gibt auch heute noch eine verwirrende Vielzahl von Charakterisierungen Jesu, die sich größtenteils deutlich widersprechen.

Diejenigen unter uns, die entsprechenden Alters sind, werden sich vielleicht an *Jesus Christ Superstar* erinnern, jenes unterhaltsame und provokative Musical der 1960er Jahre, in dem Jesus als aggressiver Gesellschaftskritiker auftritt. Ein ähnlicher Ton wurde wenige Jahre später von den so genannten Befreiungstheologen angeschlagen, die in Jesus einen Revolutionär reinen Schlages sahen – eine Art Che

Guevara des ersten Jahrhunderts. Gelehrte Bestsellerautoren wie Hugh J. Schonfield und John M. Allegro zeichneten Jesus als ränkevollen Politiker beziehungsweise psychedelisch-phallischen Messias mit dubiosen Absichten. Die lange Liste solcher Zuschreibungen kulminiert in dem Aufsehen, das mehrere gegen Ende des 20. Jahrhunderts (und in den ersten Jahren des neuen Jahrtausends) erschienene Bücher erregten, die Gedankenspiele um eine Vermählung von Jesus und Maria Magdalena als historische Tatsache darstellen. Gleichzeitig erlebten die intellektuellen Exzesse des 19. Jahrhunderts eine Renaissance, die Jesus als eine rein mythologische Gestalt betrachteten, die aus diversen Mythologemen früherer Zeiten zusammengesetzt war.

Jesus als Revolutionär, als Paterfamilias, als Intrigant, als mythische Fiktion – es gibt so viele Jesusvarianten und so viel Verwirrung!

Dabei ließe sich diese Verwirrung um ein beträchtliches Maß reduzieren, wenn nur die Logien (Worte) Jesu einer breiten Öffentlichkeit zugänglich gemacht würden. Die vorliegende, von Andrew Phillip Smith zusammengetragene umfangreiche Sammlung der Worte Jesu bietet eine solche Möglichkeit der Klärung, was neben vielen anderen Vorzügen wohl eine ihrer größten Leistungen ist. Wer sich diese Sammlung zunutze macht, kann zu klaren, fundierten Schlussfolgerungen aus den Lehren Jesu gelangen und Aufschluss über seine Person und Mission gewinnen. Die hier zitierten Worte enthüllen gewiss *keinen* glutäugigen Revolutionär, ränkeschmiedenden Intriganten oder gar den mutmaßlichen Stammvater einer geheimen Dynastie. Sehr wohl aber sprechen diese Worte – von denen viele zweifellos eine gemeinsame Quelle erkennen lassen – für eine historische Gestalt von ausgeprägter Persönlichkeit und Orientierung. Wer an einem authentischen Bild Jesu interessiert ist, sei herzlich eingeladen, die hier aufgezeichneten und kenntnisreich kommentierten Zitate zurate zu ziehen.

»Im Anfang war das Wort.« So beginnt der hochgeschätzte Prolog des Johannesevangeliums. Aller Wahrscheinlichkeit nach standen auch am Anfang der christlichen Religion Worte, namentlich Worte ihres Begründers, der wiederum häufig bei seinem mystischen Namen »der Logos« genannt wurde. Es spricht vieles dafür, dass der Begründer der christlichen Religion ein zwiefältiges Amt innehatte. Zum einen fungierte er als Verkünder einer besonderen Lehre. Einige Quellen wie zum Beispiel das Thomasevangelium belegen, dass er mit seinen Worten transformierend auf das Bewusstsein seiner Zuhörer einzuwirken versuchte. (Seine Worte im Thomasevangelium wurden mit Zen-Koans verglichen.) Die meisten Worte sind in ihrem Gehalt weniger an den denkenden Verstand gerichtet als an aufsteigende intuitive Erkenntnis; sie wollen nicht bloß informieren, sondern verborgene Einsichten und Weisheiten aufrufen.

Zum anderen war Jesus ein Hierophant und Stifter von Mysterien, in die er alle diejenigen einweihte, die er für würdig befand. Aus diesen Initiationen wurden später in der weströmischen Kirche die Sakramente; in der orthodoxen Kirche aber wurden sie nach wie vor als Mysterien bezeichnet. Das Evangelium nach Philippus, ein gnostisches Traktat aus Palästina, zählt fünf solcher Initiationsmysterien auf, ursprünglich waren es wohl, wie Forscher entdeckt haben, sieben.

Diese Überlegungen führen zu einem besonders wichtigen Thema. Als 1945 eine umfangreiche Sammlung christlicher Schriften gnostischer Ausrichtung entdeckt wurde, gerieten der Gnostizismus und seine Literatur in einen völlig neuen Blickwinkel. Vielen Interessierten wurde ersichtlich, dass die herkömmliche Vorstellung von der Existenz einer Mehrheitskirche in der Zeit des frühen Christentums nicht stimmt. Über zwei Jahrhunderte existierten zahlreiche christliche Gruppierungen Seite an Seite, von denen sich schließlich eine etablieren konnte, die andere Lehrmeinungen ausgrenzte. Zu diesen so genannten Häresien zählte vor allem auch jene Richtung, die später als Gnostizismus bezeichnet wurde. Gnostiker waren Anhänger der ersten und in vielerlei Hinsicht faszinierendsten christlichen Alternative; sie waren christliche Mystiker und der Auffassung, dass die Erlösung weder durch den Glauben noch durch gute Werke, sondern vielmehr durch die Gnosis zu erlangen sei, also das Wissen um die wirkliche Beschaffenheit des Seins. Gnostiker bedienten sich der Mysterien (Sakramente) und nutzten Sprüche, die zu spontaner Erkenntnis führen sollten. Beides führten sie auf Jesus zurück.

Alle vier Hauptquellen der in diesem Buch zusammengetragenen Worte (die christliche, jüdische, gnostische und islamische) enthaltenen Elemente, die mit dem Gnostizismus in Beziehung stehen, obwohl dies nur in einem Fall eindeutig belegt zu sein scheint. Weitgehend anerkannt ist zum Beispiel, dass die Petrus, Andreas, Philippus, Johannes und Thomas zugeschriebenen Apostelgeschichten zahlreiche Passagen aufweisen, die rein gnostischer Natur sind. Der vermeintliche Autor dieser Schriften, ein gewisser Leucius Charinus, war beileibe nicht bloß ein beiläufiger Gnostiker – was auch für viele andere Kirchenväter gilt, die Worte Jesu aufgeschrieben haben, wie etwa Clemens und Origenes. Die geheimen Worte Jesu zeugen von einer höchst bedeutungsvollen Verbindung zwischen dem gnostische Christentum und Jesus selbst.

Der Begriff »Gnostizismus« hat in früheren Jahren zu terminologischen Unschärfen geführt, weshalb manche prominente Autoren stattdessen von »alternativem Christentum« sprechen. Gleichwohl bleibt festzustellen, dass schon in den frühchristlichen Gemeinden die überaus wirkmächtige Vorstellung vertreten war, das Heil sei durch spirituelles Wissen und andere Voraussetzungen zu erreichen, welche die gnostische Tradition begründen.

Hans Jonas schrieb, dass zum Verständnis gnostischer Lehren eine Art musikalisches Gehör zur Unterscheidung der Feinheiten dieser Weltanschauung notwendig sei. Zweifellos hat Andrew Phillip Smith ein solches Gehör. Da sich die Gnosis wie ein roter Faden durch zahlreiche Worte Jesu zieht, ist diese Sensibilität unerlässlich für ein solches Werk. Die wahre Quelle dieser Worte liegt im wahrsten Sinne jenseits der natürlichen Welt und menschlicher Psychologie. Vor, während und nach der Zeit Jesu und seiner Apostel haben Menschen im Zustand begeisterter Gnosis ihr Bewusstsein in überweltliche Höhen spiritueller Eingebung emporgehoben. So konnten ihre Äußerungen den Wert wahrer Weisheitsworte – *logoi sophon* – annehmen. Als inspirierter Übersetzer solcher Äußerungen schrieb G. R. S. Mead in seinem Buch *Simon Magus*: »Die erleuchtete Seele, die ihr Gefängnis verlässt, um im Licht der Unendlichkeit zu schwelgen, kann nur Lichtblitze der ›glorreichen Vision‹ erinnern, wenn sie zur Erde zurückkehrt.« Die in diesem Buch übersetzten und einsichtsvoll kommentierten geheimen Worte sind ihrer Natur nach solche »Lichtblitze der glorreichen Vision«. Mögen sie Verstand und Herzen vieler Leser erleuchten, denn dies war die Absicht derer, die sie zur spirituellen Bereicherung der Menschheit vor langer Zeit niedergeschrieben haben.

Einführung

Jesus lehrte durch das gesprochene Wort, in Gleichnissen, Sprüchen und prägnanten Aphorismen. Die Evangelien des Neuen Testaments sind die am besten bekannten Quellen seiner Worte; die darin enthaltenen Gleichnisse, Sprüche und sonstigen Äußerungen Jesu haben ihren Weg ins Alltagsleben vieler Sprachen und Kulturen gefunden. Die Bergpredigt, Matthäus' kunstreiches Arrangement einiger Worte Jesu, gilt als eines der Meisterwerke religiöser Weltliteratur. Gleichnisse wie das vom guten Samariter oder verlorenen Sohn gehören zum allgemeinen Erbe der Menschheit.

Wenn auch die Kirche den Kanon des Neuen Testaments für abgeschlossen erachtet, so stellen die darin enthaltenen Schriften doch nur einen kleinen Teil der gesamten Literatur des frühen Christentums dar. Die 1945 im ägyptischen Nag Hammadi entdeckte Bibliothek gnostischer Schriften (oder auch die Schriftrollen vom Toten Meer) stoßen bis heute auf großes Interesse und haben eine Fülle von Publikationen inspiriert. Das Thomasevangelium, eine Sammlung von Jesusworten des Nag-Hammadi-Codex II, die von vielen Gelehrten auf das erste Jahrhundert datiert wird, unterstreicht die Bedeutung dieser Worte für die frühe christliche Tradition.[1]

Das Thomasevangelium hat große Beachtung gefunden, doch überrascht es viele, dass ein umfangreicher Fundus von Jesusworten in Quellen aufbewahrt wird, die in den kanonischen Evangelien und dem Evangelium nach Thomas nicht enthalten sind. Eine Fülle christlichen Materials findet sich in Aufzeichnungen der Kirchenväter, in wiederentdeckten Fragmenten bislang verschollener Evangelien sowie in antiken Manuskripten, die den kanonischen Evangelien hinzugefügt worden waren. Jüdische Christen hatten ihre eigenen Evangelien; Teile davon sind in Zitaten erhalten geblieben. Im Talmud und manchen späteren jüdischen Schriften finden sich einzelne Verweise auf Jesus. Verschiedene gnostische Schriften der Nag-Hammadi-Sammlung enthalten Äußerungen, die, vornehmlich in Dialogform gehalten, Jesus im Gespräch mit seinen Jüngern zugeschrieben werden. Umfangreiches Material bergen auch islamische Texte, der Koran und Schriften der Sufis. All diese Worte wurden in einem Zeitraum von über hundert Jahren von Forschern zusammengetragen und fanden darum nie jene mediale Aufmerksamkeit, der sich etwa die Bekanntheit der Nag-Hammadi-Texte verdankt. Solche Zitate aus weniger bekannten Quellen sind nicht nur von gleichrangiger Bedeutung wie jene aus kanonisierten Schriften, sondern gerade deswegen besonders bemerkenswert, weil sie fast unbekannt sind. Sie kennzeichnen Jesus vor allem als Lehrer und nicht so sehr als Wundertäter oder Messias.

Die Tradition der Jesusworte

Spirituelle Lehrer und Religionsstifter haben es zu allen Zeiten verstanden, ihre Anschauungen in kurzen, prägnanten Worten zum Ausdruck zu bringen. Man denke nur an Sammlungen wie das Dhammapada des Buddha, das Tao TeKing von Laotse, die Hadithe von Mohammed, die Aphorismen von Gurdjieff, die rabbinischen Sprüche der Väter (Pirkei Avot) oder die Weisheiten der christlichen Wüstenväter. Zur Zeit Jesu waren Sprüchesammlungen bereits ein klassisches Genre mit so bedeutenden Beispielen wie den Sprüchen Salomos oder dem Buch Jesus Sirach aus der hebräischen Bibel beziehungsweise den Apokryphen oder, in der ägyptischen Literatur, den Lehren des weisen Ptahhotep, der Lehre für den König Merikare oder der Lehre des Amenemope. Beispiele aus der vom Nahen Osten beeinflussten hellenistischen Kultur sind die Schriften des Diogenes Laertios oder die Unterredungen des Epiktet.

Eine Vielzahl solchen Materials wurde für dieses Buch zusammengetragen. Es umfasst verworfene Quellen, sonderbare antike Ausgaben des Neuen Testaments wie auch exaltierte Dialoge zwischen dem gnostischen Erlöser Jesus und seinen Jüngern, Fragmente von verschollenen und an ägyptischen Ausgrabungsstätten wiedergefundenen gnostischen Evangelien, einen Schatz mittelalterlicher Predigttexte, die in einem Krug versteckt waren, und nicht zuletzt den reichhaltigen Fundus von Jesusworten im Koran und in der muslimischen Literatur. Selbst die fragwürdigen Ergebnisse spirituellen »Channelings« oder die dubiosen Hervorbringungen von Fälschern der Neuzeit finden im abschließenden Kapitel Erwähnung.

Außerkanonische Jesusworte wurden Agrapha genannt (Singular: Agraphon). Das griechische Wort bedeutet »Ungeschriebenes«. Weil die Agrapha aus den vier Evangelien ausgeklammert wurden, betrachtet man sie als nicht niedergeschrieben, was offenbar ein Widerspruch ist, weil sie uns ja in Schriften vorliegen, wenn auch nicht im neutestamentarischen Kanon. Der Begriff Agrapha wird nach wie vor in dieser Bedeutung verwendet, obwohl es korrekter wäre, von außerkanonischen oder nichtkanonischen Worten Jesu zu sprechen. Der deutsche Gelehrte Alfred Resch hat 1889 die erste Kompilation von insgesamt 291 Agrapha zusammengestellt und herausgegeben, also lange vor der Entdeckung der Nag-Hammadi-Bibliothek oder der sorgfältigen Sammlung islamischer Sinnsprüche. Reschs Werk wurde von nachfolgenden Forschern fortgesetzt und um weiteres Material ergänzt. Bei näherer Betrachtung stellt sich heraus, dass manche der von Resch gesammelten Zitate, die mit »der Herr spricht« beginnen, nicht etwa Jesus zuzuschreiben sind, sondern aus der hebräischen Bibel beziehungsweise jüdischen Pseudoepigraphen stammen, also außerkanonischen jüdischen Texten. Die beste moderne Sammlung ist William Strokers *Extracanonical Sayings of Jesus*; allerdings konzentriert sie sich auf christliches Material, lässt gnostischen Quellen zu kurz kommen und ignoriert die islamischen Agrapha insgesamt. Erwähnt seien auch zwei weitere Sammlungen aus unserer Zeit, nämlich William G. Morrices *The Hidden Sayings of Jesus* und Marvin Meyers *The Unknown Sayings of Jesus*.

Die unermessliche arabische und persische Literatur des Islam hat sich als reiche Quelle für Agrapha erwiesen. Viele tiefsinnige und schöne Texte sind im Westen trotz des enorm gestiegenen Interesses an Dichtern wie Rumi und Hafiz immer noch wenig bekannt. Eine noch größere Anzahl von Schriften wurde bislang in keine europäische Sprache übersetzt. D. S. Margoliouth, Professor für Arabistik an der Universität von Oxford, war der Erste, der sie gesammelt und dabei hauptsächlich auf *Ihya ulum al-din* (Die Wiederbelebung der religiösen Wissenschaften) zurückgegriffen hat, das Hauptwerk des bedeutenden Sufi-Gelehrten al-Ghazali (1058–1111). Der spanische Gelehrte Michael Asin übersetzte 233 dieser muslimischen Weisheiten ins Lateinische. Eine nützliche Sammlung von Jesusworten im Koran und aus Sufi-Quellen ist und bleibt James Robsons *Christ in Islam*. Tarif Khalidis *Der muslimische Jesus* (2002) ist die bislang umfangreichste Sammlung in deutscher Sprache, lässt aber den Koran außer Acht. Die Aufzeichnungen der muslimischen Gelehrten stammen zwar notwendigerweise aus sehr viel späterer Zeit als die ihrer christlichen und jüdischen Vorgänger, haben aber wahrscheinlich viel von diesen und von christlichen Traditionen übernommen. Deshalb sollten ihre Schriften nicht als mittelalterliche Erfindungen abgetan werden.

Keine Einzelsammlung der Worte Jesu wird jemals vollständig enthalten, was ihm an Äußerungen zugeschrieben wird. Akademiker werden eine Zusammenstellung und Auswertung islamischen Materials aufgrund seiner zeitlichen und sprachlichen Herkunft immer als eine separate Arbeit ansehen. Für den durchschnittlichen Leser wäre eine vollständige Sammlung allzu überladen und voller Wiederholungen.[2] Das vorliegende Buch ist die umfangreichste Einzelsammlung, die sich an die allgemeine Leserschaft richtet.

Die Frage der Echtheit

Alle in dieser Sammlung enthaltenen Spruchweisheiten sind einer Person namens Jesus zugeschrieben, die häufig auch als »der Herr« oder »Heiland« bezeichnet wird. Aber stammen sie tatsächlich aus dem Mund des historischen Jesus? Auf die komplexe Frage ihrer Authentizität und auf die Frage, welche Sprüche auf jene Person zurückgehen, die bei den galiläischen Juden Yeshu hieß, Yeshua bei den Aramäern, Iesous bei den Griechen oder Isa in der islamischen Welt – diese Fragen sind für das vorliegende Buch zweitrangig. Nichtsdestotrotz muss dieses Thema zumindest angeschnitten werden, und ich hoffe, dass der Leser nach folgenden Ausführungen zu einer neuen Einschätzung dieses Problems gelangt.

Jesus legte Zeugnis ab; davon ist auszugehen, es sei denn, man vertritt die Ansicht, es habe in Wirklichkeit nie einen solchen Mann gegeben, der zumindest Ähnlichkeiten mit dem Jesus aufweist, von dem die Evangelien berichten. Die kanonischen Evangelien beschreiben ihn als Lehrer, der seine Schüler individuell, aber auch in größeren Gruppen unterwies. Laut Markus gibt es einen Unterschied zwischen seinen spezifischen und allgemeinen Lehren, was ihren Gehalt beziehungsweise die Interpretation des Gehaltes betrifft. Was

Jesus sagte, wurde mündlich weitergegeben, schließlich aufgeschrieben, in Berichte über sein Leben eingefügt, in Briefen zitiert und kopiert, wobei der Kopist ein Manuskript entweder lediglich abschrieb oder in ein neues Werk integrierte.

Jesus starb in den dreißiger Jahren des ersten Jahrhunderts. Literarischen Gebrauch von seinen Worten machten erstmals die vier Evangelien und das Evangelium nach Thomas, verfasst ab 70 unserer Zeitrechnung. Es liegt also mehr als eine Generation zwischen der Lebenszeit Jesu und den ersten Aufzeichnungen seiner Worte. (Der Apostel Paulus bezieht sich zwar auf die Gebote Gottes, doch nur wenige Ausschnitte aus seinen Briefen gleichen den Aussprüchen Jesu; zitiert wird er nicht. Paulus kann nicht als zuverlässiger Zeuge der tradierten Jesusworte angesehen werden.)

Manche Aussagen sind vielleicht nur einmal von Jesus getroffen worden; andere hat er womöglich häufig wiederholt. Nicht alles, was er sagte, waren seine eigenen Worte – er zitierte aus der hebräischen Bibel und griff Spruchweisheiten aus den Traditionen des Nahen Ostens und des Hellenismus auf. Viele (wenn nicht die meisten) seiner Aussprüche weisen deutliche Parallelen zu anderen Religionen und philosophischen Lehren seiner Zeit auf, so etwa zu rabbinischen Lehren, mystischen Religionen und den Gedanken der griechischen Kyniker.[3] Gerade dann, wenn sich ein Jesuswort in ähnlicher Form auch in anderen Quellen findet, stellt sich uns die Frage: Ist es tatsächlich von Jesus gesagt worden, oder wurde es, als sich das Christentum verbreitete, aus anderen Traditionen entliehen und der Tradition der Jesusworte einverleibt? Andere Spruchweisheiten sind möglicherweise

Jesus in den Mund gelegt worden, und zwar von Mitgliedern der frühen Kirche, denen daran gelegen war, bestimmten Lehren Gewicht zu verleihen. Wie sollen wir unterscheiden zwischen authentischen und nicht authentischen Logien?

Die Worte Jesu sind wie ein Fluss, der einer Quelle im Berg entspringt. Das Wasser gewinnt an Kraft und wird in seinem Lauf zusätzlich gespeist von Nebenflüssen. Bevor der angeschwollene Fluss im Meer mündet, bildet er ein Delta aus zahlreichen Seitenarmen aus, die sich zu einem labyrinthischen Netz von kleineren Wasserläufen verzweigen. Sie sind verwirrend und vielfältig, existieren aber nur dank des großen Flusses. Wenn wir die Worte Jesu betrachten, sehen wir nur das Meer und die Deltamündung. Angesichts des Meeres ist nicht mehr zu unterscheiden, welches Wasser von der Quelle stammt und welches von den Nebenflüssen. Uns bleiben nur der Blick auf die Myriaden kleiner Seitenarme und die Hoffnung, dass sie uns etwas sagen über die Zuflüsse und letztlich auch über die eine Quelle.

Über lange Zeit schien es, als sei die Authentizitätsfrage leicht zu beantworten, nämlich mit dem Hinweis darauf, dass die wahren Aussagen Jesu in den Evangelien des Neuen Testamentes enthalten wären. Vielen Christen reicht die Tatsache ihrer Kanonisierung als Garantie für die historische Zuverlässigkeit der Inhalte, eine Ansicht, die auch etliche Wissenschaftler und Apologeten vertreten. Von einem solchen Standpunkt aus betrachtet, *könnte* zwar alles, was nach einem Jesuswort klingt, aber nicht kanonisiert ist, authentisch sein; dem ist jedoch aller Wahrscheinlichkeit nach nicht so, und die Wahrscheinlichkeit, eine wahre Aussage Jesu außerhalb des Neuen Testamentes zu finden, erscheint gering. Einem solchen Ansatz ließe sich kanonische Voreingenommenheit unterstellen; er ist unkritisch und basiert allein auf Glauben.

In den vergangenen zwei bis drei Jahrhunderten haben Gelehrte kritischere Methoden zur Erforschung des Neuen Testamentes entwickelt und angewendet. Manche ihrer Entdeckungen lassen sich durch aufmerksame Lektüre der Evangelien recht einfach bestätigen. Viele Leser werden bemerkt haben, dass Jesus im Johannesevangelium auf andere Weise spricht als in den übrigen Evangelien. Bei Johannes hält Jesus häufig lange Reden; er stellt außergewöhnliche Behauptungen hinsichtlich seiner Bedeutung auf, insbesondere in den »Ich bin«-Abschnitten, die im vierten Evangelium eine Sonderstellung innehaben. Bei Matthäus, Markus und Lukas spricht Jesus anders, typischerweise vor allem in prägnanten Sentenzen und Gleichnissen. Im Evangelium des Johannes sind Jesu Worte stilistisch ausgefeilter und literarischer, also von der mündlichen Überlieferung weiter entfernt; deshalb ist die Wahrscheinlichkeit, dass sie erlebter Erinnerung entstammen, eher gering.[4] Theologen halten darum die anderen drei Evangelien für verlässlichere Quellen über Jesu Wirken und Leben.

Wenn wir die Texte von Matthäus, Markus und Lukas in Spalten nebeneinander setzen, erkennen wir, dass sie sehr vieles miteinander gemein haben; es gibt sogar wörtliche oder fast wörtliche Übereinstimmungen, von denen nicht wenige auch in ihrer Reihenfolge einander entsprechen. Die Beziehung zwischen Matthäus, Markus und Lukas besteht offenbar nicht nur darin, dass alle drei aus dem Leben Jesu berichten. Unwahrscheinlich ist auch, dass eine geschlossene Erzählung – und in dieser Form erscheinen die Evangelien – in mündlicher Überlieferung vorgelegen hat. Die Beziehung zwischen ihnen ist eine literarische, das heißt, mindestens zwei Evangelien hatten ein anderes Evangelium zur Vorlage. Die Frage nach der Abhängigkeit zwischen den Evangelien wird unter Gelehrten als das »synoptische Problem« bezeichnet; seine allgemein akzeptierte Lösung ist die so genannte Zweiquellentheorie, die davon ausgeht, dass das Markusevangelium zuerst geschrieben wurde und Matthäus und Lukas als Vorlage diente. Letztere bedienten sich zusätzlich einer anderen, inzwischen verschollenen Quelle (kurz: Logienquelle »Q«).[5] Den Evangelisten Matthäus und Lukas sind die Worte Jesu also nicht selbst zu Ohren gekommen, sondern sie haben sie entweder aus dem Markusevangelium oder aus der Logienquelle übernommen.

Weitere Forschungen lassen zusätzlich an der Authentizität der Jesusworte in den vier Evangelien zweifeln. Sofern wir nicht allen darin enthaltenen Geschichten zuzuerkennen bereit sind, dass sie von Augenzeugen niedergeschrieben wurden, müssen wir annehmen, dass sich die Autoren einen Teil der vermeintlichen Aussagen Jesu aus erzählerischen Gründen erdacht haben. Überdies können wir in den hellenistischen und jüdischen Literaturen der Jahrhunderte vor und nach der Zeitenwende zahlreiche Parallelen ausmachen. Die Tradition der Spruchweisheiten ließ eine Lawine anwachsen, die immer mehr Material aus anderen Kulturen in sich aufnahm.

Ist erst einmal anerkannt, dass nicht alle vermeintlichen Jesusworte in den Evangelien auch tatsächlich von ihm ausgesprochen wurden, drängte sich der Wunsch auf, die wahrhaft authentischen Worte ausfindig zu machen und eine Sammlung historisch verlässlicher Kernaussagen zusammenzutragen. Die Entscheidung über die Echtheit solcher Worte hängt allem Anschein nach mit dem Ausmaß an Skepsis oder Glaubensgewissheit zusammen, das man für eine solche Aufgabe aufbringt. Die Methode ist im Wesentlichen eine negative, eine Art Ausschlussverfahren, in dem vom Fundus der Worte so lange Abstriche gemacht werden, bis man mit dem Resultat zufrieden ist. Wie viele Abstriche gemacht werden, hängt letztlich ab von der Strenge des persönlichen Anspruches an Authentizität und dem historischen Bewusstsein.[6]

Jüngere Forschung

Exegeten bemühen sich seit jeher, Kriterien für die Unterscheidung von authentischen und nicht authentischen Sprüchen aufzustellen. Ist ein Jesuswort in mehreren unabhängigen Quellen zu finden, spricht man im Englischen von einer »multiple attestation«, also einer mehrfachen Beglaubigung. Dahinter steht der Gedanke, dass eine bestimmte Aussage, die von verschiedenen Autoren wiedergegeben wird, ohne dass diese voneinander abgeschrieben hätten, aller Wahrscheinlichkeit nach mündlich überliefert ist und auf den historischen Jesus zurückgeführt werden könnte. Ein weiteres Kriterium ist die so genannte Dissimilarität: Wenn ein fragliches Jesuswort im Widerspruch zum religiösen Kontext seiner Zeit zu stehen scheint und dieses Wort relativ früh gesagt wurde, ist die Wahrscheinlichkeit groß, dass es, wenn auch nicht im Wortlaut, so doch inhaltlich dem historischen Jesus zugesprochen werden kann. Kohärenz ist ein weiteres Authentizitätskriterium, das eine Aussage als echt gelten lässt, wenn sie mit anderen Aussagen Jesu übereinstimmt und mit ihnen ein kohärentes Ganzes bildet. Wenn einem Evangelisten oder anderen Autor das Anführen eines bestimmten Jesuswortes schwergefallen sein dürfte, ist es wahrscheinlich vom Autor nicht erfunden worden. All diese Kriterien haben ihre eigene Problematik, erlauben es uns aber, das vorhandene Material auf sinnvolle Weise zu untersuchen.

Jüngere Versuche, authentische Jesusworte zu identifizieren, befassten sich auch mit außerkanonischem Material, dem, zumindest anfänglich, der Stellenwert von kanonisierten Texten beigemessen wurde. Robert Funk eröffnete 1985 die erste Sitzung des von ihm ins Leben gerufenen »Jesus-Seminars«. An diesem Seminar nahm eine große Anzahl von Gelehrten aus Nordamerika teil, die sich der Frage nach der Authentizität von Jesusworten widmeten. Sie kamen zu dem Ergebnis, dass in allen christlichen Texten aus den ersten drei Jahrhunderten unserer Zeitrechnung lediglich achtzehn Prozent der vermeintlichen Jesusworte tatsächlich auch von Jesus geäußert worden sind (wozu viele der in diesem Buch aufgeführten Worte zählen).

John Dominic Crossan (selbst Mitglied des Jesus-Seminars) deckte in den maßgeblichen Traditionen unterschiedliche Schichten auf und ging dabei gewissermaßen wie ein

Archäologe vor. Er untersuchte das außerkanonische Material und hypothetische Quellen wie das in der Logienquelle zusammengefasste Jesusgut oder auch die Sammlungen der Zeichen und Wunder, von denen gesagt wurde, dass sie möglicherweise den Evangelien des Johannes und Markus zugrunde gelegen haben könnten. Er ordnete sämtliche Texte chronologisch und zählte alle Jesuszitate, die er dann dem Alter und der Anzahl ihrer unabhängigen Anführung nach klassifizierte. Folglich hat ein Zitat aus der frühesten Zeit, das dreimal unabhängig auftaucht, größeres Gewicht und mehr Authentizität als ein Zitat aus späterer Zeit, das nur einmal zu finden ist. In seinem später erschienenen Buch *The Birth of Christianity* gelangt Crossan zu der Einschätzung, dass das den frühesten Schriften – Q und dem Thomasevangelium – gemeinsame Material beiden Quellen notwendigerweise zeitlich vorausgeht (vorausgesetzt, das Thomasevangelium wurde unabhängig verfasst und Q lag als Quelle tatsächlich vor).

Da die Forschungsergebnisse hinsichtlich der fraglichen Authentizität der in den vier Evangelien enthaltenen Jesusworte nicht befriedigen konnten, sahen sich viele Forscher genötigt, auch die Agrapha ernst zu nehmen. Doch wurde letztlich nur etwa ein Dutzend Agrapha für eine Aufnahme in die Liste der authentischen Jesusworte in Erwägung gezogen. Es blieb jüngeren Versuchen wie denen von Crossan oder dem Jesus-Seminar vorbehalten, außerkanonischen Texten von vornherein den gleichen Stellenwert beizumessen wie den vier Evangelien.

Die Aussicht darauf, authentische Jesusworte zu entdecken, ist sehr verlockend, und die oben beschriebenen Methoden – beziehungsweise die aus diesen Methoden gezogenen Schlussfolgerungen – bemühen sich um einen fairen Umgang mit allen Jesuszitaten, ob sie aus dem Neuen Testament stammen oder aus anderen Quellen. Am Ende solcher Forschung steht allerdings oft ein »Minimal-Jesus«.

Wären die Ergebnisse der Wissenschaft als definitiv zu erachten, könnten nur einige wenige Jesuszitate als gesichert gelten; alles andere müsste als Beiwerk verstanden werden, geschaffen von frühchristlichen Autoren. Es gibt jedoch keine letztgültigen Urteile der Wissenschaft. Das Problem besteht darin, dass keiner der frühen Texte und nicht einmal die angenommenen Quellen dieser Texte auf den historischen Jesus zurückgeführt werden können. Selbst wenn die Logienquelle aus dem Material rekonstruiert werden könnte, das den Evangelien von Matthäus und Lukas, nicht aber dem von Markus gemeinsam ist, ja, selbst wenn mit hoch entwickelten Methoden und Analyseverfahren zu bestimmen und zu entfernen wäre, was durch die Redaktion von Matthäus und Lukas hinzugekommen ist, würde das Resultat neue Bedenken nach sich ziehen und zu keinen neuen Erkenntnissen über den wahren Jesus verhelfen. Auf das gleiche Problem laufen literaturkritische und historisch-philologische Analysen der Logienquelle hinaus. Der Apostel Paulus, Autor der frühesten christlichen Texte, hilft in dieser Hinsicht nicht viel weiter, weil sich die wenigen von ihm aus den Evangelien angeführten Zitate nicht ausdrücklich auf Jesus beziehen. Wenn wir uns also streng an historische Standards halten, lassen sich keine Spruchweisheiten auffinden, die eindeutig auf Jesus zurückzuführen sind. Die Vielzahl der ausgeklügelten Methoden und Ansätze führt uns zu der Einsicht, dass die Beweislage nicht ausreicht, um zuverlässig sagen zu können, welche Worte tatsächlich von Jesus gesagt wurden.

Bedeutung der Logien

Während sich einige wenige Forscher einzig und allein aus intellektueller Neugier auf die Suche nach dem historischen Jesus machen, widmen wir uns dieser Frage aus religiösem und spirituellem Interesse. Alle, denen Jesusworte am Herzen liegen, werden wahrscheinlich darin übereinstimmen, dass die Geschichten vom guten Samariter und vom verlorenen Sohn zu den herausragenden Gleichnissen zählen und die Bergpredigt zu den großen Lehren. Beide Gleichnisse kommen allerdings nur bei Lukas vor und sind in vielen Merkmalen charakteristisch für Lukas' editorische (oder redaktionelle) Arbeit. Ginge uns irgendetwas verloren, wenn wir einsehen müssten, dass sie nicht unmittelbar von Jesus erzählt wurden? Das Gleichnis vom verlorenen Sohn ist ein wundervoller, tiefgründiger Text, und das ganz unabhängig davon, ob sein Urheber Jesus war oder der Autor des Lukasevangeliums. Betrachten wir folgende Aussage: »Jesus sprach, es ist besser, anderen zu dienen als dir andere zu Dienern zu machen.« Dieser Satz klingt durchaus jesuanisch und könnte sehr wohl als eines der authentischeren Jesusworte in dieses Buch passen. Tatsächlich aber stammt er aus den Sentenzen des Sextus, einem der bei Nag Hammadi gefundenen Texte. Dass Jesus diesen Satz gesagt haben könnte, ist bislang noch nie in Erwägung gezogen worden.

Die verschiedenen Gruppen, die die Lehre Jesu aufgezeichnet und ergänzt haben – christliche, jüdische, gnostische und islamische Autoren, auf die in diesem Buch Bezug genommen wird –, waren nicht aus historischen oder wissenschaftlichen Gründen an Jesus interessiert. Ihnen war auch nicht an einer neutralen Zusammenstellung von Logien gelegen. Vielmehr dienten diesen Menschen die vielen unterschiedlichen Spruchweisheiten dazu, sich ein Bild zu machen von Jesus in seiner Doppelrolle als Gott und Mensch.

Von den Lesern dieses Buches wünsche ich mir, dass sie sich auf zweierlei einzulassen vermögen: Einerseits ist ein Jesuswort lediglich eine Aussage, die Jesus zugeschrieben wird, nicht mehr und nicht weniger. Andererseits werde ich gelegentlich die Authentizität eines bestimmten Jesuswortes hinterfragen. Manche Logien sind, um mit dem Evangelisten Thomas zu sprechen, dem Feuer offenbar sehr nah, andere wiederum weit weg vom Königreich. Für alle, die an den spirituellen Lehren ebenso sehr interessiert sind wie am historischen Jesus, lautet die gute Nachricht: Auch eine nicht authentisch jesuanische Spruchweisheit kann durchaus von spirituellem Nutzen sein.

Mit Gewissheit lässt sich sagen, dass die in diesem Buch gesammelten Logien das Wesen Jesu für eine Vielzahl verschiedener religiöser und spiritueller Gruppen definiert haben. Sie unterscheiden sich in nichts von den Spruchweisheiten in den kanonischen Evangelien. Die außerkanonischen

Logien bieten nicht nur eine Gelegenheit, dem historischen Jesus näher zu kommen, sondern öffnen uns auch den Blick auf vielfältige, von zahlreichen Kulturen geprägte Jesusbilder. Der gnostische, sufische oder jüdisch-christliche Jesus ist eine ebenso wertvolle und lehrreiche Quelle wie der Jesus der katholischen oder protestantischen Christen.

Anmerkung zur Übersetzung

Quelle meiner Übersetzung sind die griechischen oder koptischen Originaltexte in Strokers Ausgabe. Im Falle fragmentarisch vorliegender Texte (wie etwa dem Nag-Hammadi-Material) habe ich auf kontroverse Rekonstruktionsversuche verzichtet und Lakunen (Lücken) als solche kenntlich gemacht. In rekonstruierten Passagen musste ich mich auf die Übersetzungen aus folgenden Werken verlassen: James Robinson (Hrsg.), *The Nag Hammadi Library in English*; Bentley Layton, *The Gnostic Scriptures*; Robert Miller, *The Complete Gospels*; und Wilhelm Scheemelcher (Hrsg.), *New Testament Apocrypha*. Zitate aus anderen Sprachen und Teile des Nag-Hammadi-Materials wurden unter Zuhilfenahme möglichst vieler mir zugänglicher Übersetzungen paraphrasiert. Die Paraphrasen der Texte von al-Ghazali beziehen sich auf Margoliouth, Robson und weitere Übersetzungen; alle anderen Übersetzungen islamischer Texte stammen von Robson.

Generationen von Gelehrten, die die Quellen gesammelt, übersetzt und kritische Ausgaben veröffentlicht haben, schulde ich meinen Dank.

Das Logienmaterial im Abschnitt »weitere Traditionen« wurde, mit Ausnahme der manichäistischen und mandäischen Texte, aus den englischen Originalen übernommen. Die beiden kurzen Exzerpte der Jesus-Sutras gehen auf Martin Palmers Übersetzung zurück.

Bei Logien, von denen andere Autoren berichten (was in den Schriften der Kirchenväter oder islamischen Quellen häufig der Fall ist), habe ich die Einwürfe des Autors meist ausgelassen.

In diesem Buch wird der zutreffende und unvoreingenommene Begriff *Hebräische Bibel* verwendet statt der christlichen Bezeichnung *Altes Testament*. Weil es zu dem Begriff *Neues Testament* keine präzise Alternative gibt, behalte ich den traditionellen christlichen Namen bei.

Für die deutsche Ausgabe wurden die angeführten Texte aus dem Englischen übertragen und mit gängigen deutschen Editionen verglichen.

Christliche Logien

Einführung in die christlichen Logien

Die frühe Christenheit bestand aus vielen Gemeinden mit unterschiedlichen Ansichten. Als Konstantin und Theodosius das Christentum im vierten Jahrhundert zur Staatsreligion erhoben, war der Weg zu einer universellen Einheitskirche gebahnt. Dennoch existierten die Abweichungen Jahrhunderte weiter. Das zweite und dritte Jahrhundert erlebte geradezu eine Explosion christlicher Kreativität. Der Theologe Charles W. Hendrick zählte kürzlich vierunddreißig Evangelien, christliche wie gnostische, von denen wir wissen. Zu Beginn des zweiten Jahrhunderts stellte Papias von Hierapolis angeblich eine Sammlung von fünf Büchern mit Jesusworten unter dem Titel »Schriftliche Darstellung der Orakel des Herrn« zusammen, die leider verschollen sind.

Unbekannte Logien und Variationen der kanonischen Sprüche sind in zahlreichen frühchristlichen Schriften zu finden. Zitate aus dem Ägypterevangelium, eine bei Clemens von Alexandrien und Origenes erwähnte Schrift, haben viele Gelehrte über Jahrzehnte fasziniert. Kirchenväter wie Clemens und Origenes gingen mit ihren Quellen für gewöhnlich sehr sorgsam um; dennoch wurden viele nicht kanonische Jesusworte in Predigten über das legendäre Leben der Apostel kommentarlos zitiert. Die wenig bekannte syrische Tradition ist besonders ergiebig. Ihre literarischen Schöpfungen reichen von den thomasischen Schriften über das Diatessaron, das eine kohärente Erzählung aus dem Material aller vier kanonischen Evangelien darstellt, bis hin zu Texten wie dem Liber Graduum. Syrien war auch mit dem Gnostizismus und Manichäismus stark verbunden.

Auch als sich die westchristliche Orthodoxie längst herausgebildet hatte, fanden ungewöhnliche Jesusworte immer noch Aufnahme in einige mittelalterliche Texte, und in Klosterbibliotheken verstaubten vergessene Schriften der Antike wie die Didaché, die Lehre des Herrn durch die Apostel aus dem ersten Jahrhundert, die im 19. Jahrhundert in einem kleinen Kloster in Istanbul wiederentdeckt wurde.

Solche Schriften gingen nicht nur im Zuge der aktiven Verfolgung von Häresie verloren, sondern auch als indirekte Folge der neuen Orthodoxie und Kanonisierung. Das Interesse an außerkanonischen Texten nahm ab, und ein Großteil des älteren apokryphen Materials zerfiel allmählich, zumal das Kopieren von Manuskripten eine kostspielige und zeitaufwändige Angelegenheit war.

Der Jesus, den wir in den christlichen außerkanonischen Zitatensammlungen finden, ist dem Jesus des Neuen Testamentes durchaus ähnlich, gewissermaßen ein Zwilling des kanonischen Jesus, der Erscheinung nach verwandt, in Einzelheiten jedoch andersartig. Dieser Jesus verwendet häufiger Sinnsprüche als Gleichnisse und überrascht mit knappen Worten wie der Jesus des Thomasevangeliums oder der Synoptiker. Die hier zitierten Quellen enthalten viele harte und unversöhnliche Aussagen und Sprichworte – Äußerungen, die den Leser innehalten und sich fragen lassen, ob man sein Leben auf die rechte Weise führt –, zeugen aber auch von großer und umfassender Liebe.

Christliche Jesusworte

Geben ist seliger denn Nehmen. Apostelgeschichte 20,35

Mit diesen Worten »des Herrn Jesu« beschließt Paulus eine längere Rede an die Kirchengemeinde von Ephesus. Sowohl Paulus als auch der Autor der Apostelgeschichte sind nicht bekannt für präzises Zitieren oder historische Zuverlässigkeit. Deshalb bleibt fraglich, ob diese Worte wirklich aus dem Munde Jesu stammen. Jedenfalls gibt es ein ähnlich klingendes hellenistisches Sprichwort.

Seid gnädig, damit auch ihr Gnade erfahrt; vergebt, damit auch euch vergeben wird. Was ihr anderen tut, wird auch an euch getan. Was ihr gebt, wird euch gegeben. Wie ihr richtet, so wird man auch euch richten. Wenn ihr Gutes tut, wird euch Gutes widerfahren. Mit dem Maß, das ihr anlegt, werdet auch ihr gemessen werden. 1. Clemensbrief 13, 1-2

- Der erste Clemensbrief wird auf das Ende des ersten Jahrhunderts datiert und Clemens, einem der ersten Bischöfe von Rom, zugeschrieben.

Diejenigen, die an meiner Seite stehen, haben mich nicht verstanden. Petrusakten 10

Dass Jesus von seinen eigenen Jüngern nicht verstanden wurde, ist ein häufig wiederkehrendes Thema im Markusevangelium.

◆ Bei den apokryphen Apostelgeschichten, zu denen die Petrusakten gehören, handelt es sich in der Regel um Schriften aus dem späten zweiten und frühen dritten Jahrhundert. Der Form nach sind sie gewissermaßen antike Romane oder fiktive Erzählungen, in denen von gefahrvollen Reisen in fremde Länder und Schiffbrüchen die Rede ist. Manchmal tritt in ihnen der wiederauferstandene Jesus in Erscheinung, manchmal wird in Zitaten auf ihn verwiesen.

Und als er ihn sah, sprach er: »Herr, wohin gehst du?« Und der Herr antwortete: »Ich gehe nach Rom, um gekreuzigt zu werden.« Und Petrus sagte: »Herr, wirst du ein zweites Mal gekreuzigt werden?« Er antwortete: »Ja, Petrus, ich werde ein zweites Mal gekreuzigt werden.« Petrusakten 35

Die lateinische Wendung »Quo Vadis?« ist zum Inbegriff der bekanntesten Episode aus den Apokryphen geworden und gab dem 1951 in Hollywood gefilmten Leinwandepos den Titel.

Siehe, mein Brautgemach ist eingerichtet; gesegnet, wer sich in seinem strahlenden Gewand darin findet, denn ihm wird die Krone aufs Haupt gesetzt. Siehe, das Mahl ist bereitet; gesegnet, wer dazu geladen und bereit ist, den zu besuchen, der ihn eingeladen hat. Die Feldernte ist groß und der gute Arbeiter gesegnet. Siehe, die Lilien und all die anderen Blumen; der gute Landsmann ist, wer als Erster einen Teil davon empfängt. Philippusakten 135

Jesus wird häufig mit Bildern der Hochzeit in Zusammenhang gebracht, daher rühren die Spekulationen über seine Beziehung zu Maria Magdalena. Auch das Evangelium des Philippus, dessen Traditionen sich mit denen der Philippusakten überschneiden, spricht oft von Hochzeiten. Das hier wiedergegebene Zitat ist nur eines von vielen wunderschönen Metaphern.

Der Weg ins Königreich führt durch große Drangsal hindurch. *Prochorus*, Johannesakten

Wegen ihrer Gedanken anstoßenden Prägnanz wurde diese Sentenz von vielen als typisch für Jesus angesehen. Obwohl keine ausreichenden Beweise dafür vorliegen, halte ich ihre Authentizität für sehr wahrscheinlich.

Wer die Götzen entseelt, wird groß sein in meinem Königreich. Thomasakten 6

Dieser Spruch bezieht sich auf die christliche Wahrnehmung der heidnischen Verehrung von Götzen – falschen Göttern.

Und er rief Jesus zu sich und sagte: »Was soll ich mit dir machen?«

Jesus sagte zu Pilatus: »Walte deines Amtes.«

Pilatus erwiderte: »Welches Amtes?«

Jesus sagte: »Moses und die Propheten prophezeiten meinen Tod und meine Auferstehung.« Pilatusakten 4,3

Gewissermaßen führt Jesus Pilatus durch den Prozess, an dessen Ende sein Todesurteil steht. Eine überraschende Vielzahl von apokryphen Texten stellt Pilatus in den Mittelpunkt, so etwa auch die evangelienähnliche Literatur und die gefälschten Briefwechsel zwischen Pilatus und Tiberius beziehungsweise Pilatus und Herodes. Diese Legenden sympathisieren mit Pilatus, der angeblich nach Jesu Tod zum Christentum konvertierte. Noch heute wird er in der äthiopischen Kirche als Heiliger verehrt.

Pilatus rief Jesus zu sich und sagte: »Wessen beschuldigt man dich …? Hast du nichts dazu zu sagen?« Jesus antwortete »Wären meine Ankläger machtlos, würden auch sie nichts sagen. Jeder aber hat Macht – die Macht über den eigenen Mund, Gutes oder Böses auszusprechen. Also werden sie ihre Macht gebrauchen und handeln.«

Später kehrte Pilatus ins Prätorium zurück, nahm Jesus beiseite und fragte ihn: »Bist du der König der Juden?« Jesus antwortete: »Fragst du aus eigenen Stücken oder hast du solches von anderen gehört?«

Pilatus entgegnete: »Bin ich etwa ein Jude? Dein Volk und seine Hohenpriester haben dich mir überantwortet. Sag mir, was hast du getan?« Jesus antwortete: »Mein Reich ist nicht von dieser Welt; wäre es das, hätten meine Anhänger verhindert, dass ich den Juden ausgeliefert werde. Mein Reich ist weder hier noch jetzt.«

Pilatus sagte: »Dann bist du also ein König.« Jesus erwiderte: »Du sagst es. Ich bin ein König. Ich bin dazu geboren worden und in die Welt gekommen, damit alle, denen an der Wahrheit gelegen ist, meine Stimme hören.«

Pilatus fragte: »Was ist Wahrheit?« Jesus antwortete: »Die Wahrheit, die vom Himmel stammt.«

Pilatus sagte: »Gibt es keine Wahrheit auf Erden?« Jesus erwiderte: »Doch, aber wie du siehst, werden jene, die die Wahrheit aussprechen, von den Mächtigen der Erde verurteilt.« Pilatusakten 3, 2-3

Wenngleich zweifelhaft in seinem historischen Gehalt, so ist dieser Dialog doch ein faszinierendes Zeugnis der sich wandelnden Überlieferung des Prozesses gegen Jesus vor Pilatus. Statt zu schweigen wie bei Markus, Matthäus und Lukas, trägt Jesus hier triftige Kommentare vor. Teile des Dialogs entsprechen dem Evangelium des Johannes, doch bei Johannes hatte Pilatus das letzte Wort. »›Was ist Wahrheit?‹, fragt

Pilatus mit sarkastischem Unterton und geht, ohne eine Antwort abzuwarten.« So drückte es der englische Philosoph Francis Bacon aus. In den Pilatusakten gibt Jesus hingegen eine philosophische Antwort.

Wer in meinem Namen alles hinter sich lässt, wird ewiges Leben in der Parusie empfangen. Agathangelos 65

Das griechische Wort parousia bedeutet »Anwesenheit«, insbesondere die eines Königs. Später wurde unter diesem Begriff die zukünftige Wiederkunft Christi verstanden.

Bete und werde nicht müde. *Aphrahat*, Homilien 4, 16

Dieser Spruch findet sich auch im Liber Graduum (siehe unten), das wie der Text Aphrahats aus Syrien stammt, wo dieses Wort wahrscheinlich sehr bekannt war.

◆ Aphrahat, vermutlich um 270 geboren und nach 345 gestorben, ist der älteste syrische Kirchenvater.

Falls du in der Welt versinkst, so zweifle nicht wie Simon zweifelte, als er im Meer zu versinken drohte.
Aphrahat, Homilien 1, 17

Simon Petrus' mangelnder Glaube, als er über das Wasser ging, wird hier als Metapher für das Versinken in der Welt gewählt, womit wohl der Verlust des Selbst in weltlichen Dingen gemeint ist.

Ihr seid nicht Abrahams Kinder, sondern die Kinder Kains.

Aphrahat, Homilien 16, 8

Im Johannesevangelium 8, 44 heißt es: »Ihr habt als Vater den Teufel, und nach den Begierden eures Vaters wollt ihr handeln.« Damit sind diejenigen Juden angesprochen, die mit Jesus in der Schatzkammer des Tempels diskutieren. In Vers 33 bezeichneten sich die Juden als Kinder Abrahams. Die hier zitierten Worte sind wahrscheinlich eine Variante derselben Aussage in Spruchform.

Durch die Starken werden die Schwachen errettet.

Apostolische Kirchenordnung 2, 6

Isoliert betrachtet, ist dieses Wort nicht besonders aussagekräftig, wohl aber im Kontext einer Diskussion um die Rolle der Frau bei der Eucharistie: »Johannes sagte: ›Habt Ihr vergessen, Brüder, dass unser Herr, als er um Brot und Wein bat, beides segnete und sprach: »Das sind mein Leib und mein Blut«? Er gestattete den Frauen nicht, bei uns zu bleiben.‹ Martha entgegnete: ›Es war wegen Maria, die er lachen sah.‹ Maria aber sagte: ›Ich lachte aus einem anderen Grund. Er hatte uns zuvor gesagt, dass, wenn er durch die Starken lehrte, die Schwachen errettet würden.‹«

◆ Die Apostolische Kirchenordnung ist ein Text aus dem dritten Jahrhundert, der auf frühere Quellen zurückgreift. Er beschäftigt sich vor allem mit Gemeinderegeln und Fragen des Kirchenrechts.

Wer gibt, ist seliger als der, der empfängt.

Apostolische Verordnungen 4, 2-3

Apostelgeschichte 20, 35: »Ich habe es euch alles gezeigt, dass man arbeiten muss und die Schwachen aufnehmen und an das Wort des Herrn Jesu denken, als er sagte: ›Geben ist seliger als Nehmen.‹«

Wehe denen, die bereits haben und Weiteres heuchlerisch entgegennehmen, oder die sich selbst unterhalten können, aber von anderen nehmen wollen. Denn ein jeder wird Gott dem Herrn am Tage des Jüngsten Gerichtes Rechenschaft ablegen müssen.

Apostolische Verordnungen 4, 2-3

◆ Die Apostolischen Verordnungen wurden im vierten Jahrhundert im Namen des apostolischen Vaters Clemens von Rom verfasst, der im ersten Jahrhundert lebte.

Die so genannte Didache (Apostellehre), ein Text aus dem ersten Jahrhundert, ist besorgt über die Verhaltensweisen wandernder christlicher Propheten, die sich für ihren Lebensunterhalt auf die Mildtätigkeit christlicher Gemeinden verlassen. Paulus behauptet, dass er für seinen Unterhalt notfalls allein aufkomme. Im vierten Jahrhundert gab es dieses Problem offenbar immer noch.

Deshalb soll Zakchaios gesagt haben (nach anderen Matthias, ein Oberzöllner, als er gehört hatte, dass der Herr ihn für würdig erachtete, zu ihm zu kommen): »Siehe, die Hälfte meiner Habe gebe ich als Almosen, Herr; und wenn ich etwas von jemand erpresst habe, so gebe ich es vierfach zurück.« Darauf sagte der Heiland: »Der Menschensohn ist heute gekommen und hat das Verlorene gefunden.«

Clemens von Alexandria, Stromateis III, 6, 35

Im Aramäischen war mit der Bezeichnung »Menschensohn« die eigene Person gemeint; Jesus scheint das Wort in diesem Sinne zu verwenden, nicht als Ehrenbezeichnung. Dieser Spruch wurde von einigen auch den verschollenen Überlieferungen des Matthäus zugeschrieben.

◆ Clemens von Alexandria war einer der hervorragendsten Kirchenväter. Er lebte Ende des zweiten und Anfang des dritten Jahrhunderts und leitete die Katechetenschule von Alexandria. Viele der in diesem Buch angeführten Jesusworte stammen aus seinem Hauptwerk, den »Stromateis« (Miszellen). Siehe auch die Abschnitte über das Ägypterevangelium sowie das jüdisch-christliche Evangelium der Hebräer.

Wer verheiratet ist, sollte seine Frau nicht wegschicken, und wer unverheiratet ist, sollte nicht heiraten; wer sich zur Keuschheit entschlossen hat, sollte unverheiratet bleiben.

Clemens von Alexandria, Stromateis III, 15, 9

Ein recht eindeutiges Beispiel jener Pauluswortе, die in die Tradition der Jesusworte eingegangen ist. Vergleiche 1. Korinther 7, 10-11.

Denn meine Brüder und Nachfolger sind diejenigen, die dem Willen meines Vaters entsprechen. Darum sprecht nicht von »eurem irdischen Vater«, denn auf Erden gebieten Machthaber; der wahre Vater aber wohnt im Himmel; aus ihm sind alle Familien sowohl im Himmel als auf Erden.

Clemens, Eclogae Propheticae 20

Denn meine Brüder und Nachfolger sind diejenigen, die dem Willen meines Vaters entsprechen.

Clemens, Eclogae Propheticae 20, 3

Familienbeziehungen sind die Quelle vieler Metaphern im frühen Christentum. Insbesondere im Markusevangelium wird jedoch darauf angespielt, dass Jesus ein schwieriges Verhältnis zu seiner Mutter und den Brüdern hatte. Christen verstanden ihre Gemeinschaft aber als Ersatzfamilie.

Ich bin gekommen, um den Werken des Weibes ein Ende zu machen.

Ägypterevangelium, *Clemens von Alexandria*, Stromateis III, 9, 63

Vielleicht ist das Weib hier als Allegorie für die Leidenschaften zu verstehen.

Meine Liebe gebe ich euch.

Clemens, Quis Dives Salvetur (Welcher Reiche wird gerettet?) 37, 4

Ein schlichtes, aber anrührendes Wort. Clemens behauptet, dass es von Jesus ausgesprochen wurde, als er den Opfertod erleiden sollte. In der unbekannten Quelle, aus der Clemens geschöpft hat, spricht Jesus dieses Wort vielleicht während des letzten Abendmahls oder im Garten Gethsemane.

Mein Geheimnis ist für mich und für die Söhne meines Hauses bestimmt. *Clemens*, Stromateis V, 10, 63

Eine Variation lautet: »Mein Geheimnis ist für mich und die, die mit mir sind.«

Selig sind die um meinetwillen Verfolgten; denn sie werden eine Zuflucht finden, wo ihnen keine Verfolgung droht.

Clemens, Stromateis IV, 6, 41

Selig sind die wegen ihrer Rechtschaffenheit Verfolgten; denn sie werden vollkommen sein. *Clemens*, Stromateis IV, 6, 41

Selig seid ihr, wenn euch die Menschen um des Menschensohns willen verachten, wenn sie euch ausstoßen und Schimpf und Schande über eure Namen bringen.

Clemens, Stromateis IV, 6, 41

In einer ausführlichen Abhandlung über Seligpreisungen bezieht sich Clemens auf diejenigen, die das Evangelium verbreiten, und glaubt, im Namen des Herrn zu sprechen. Die Worte könnten demnach aus verschollenen Quellen stammen.

Ich bin nicht zu euch gekommen, um zu Tisch zu sitzen, sondern um zu dienen, und ihr seid in meinem Dienst dazu erzogen worden, selbst zu dienen.

Codex Bezae, Addendum zu Lukas 22, 27-28

Der Codex Bezae ist eines der frühesten Manuskripte des Neuen Testaments. Er enthält viele kleine Abweichungen im Vergleich zu anderen Schriftüberlieferungen. An zwei Stellen finden sich Ergänzungen zu den Versen des Lukasevangeliums.

◆ Antike Manuskripte wurden handschriftlich kopiert. Vor der Erfindung des Buchdrucks gab es keine zwei Kopien, die identisch gewesen wären. Jedes Manuskript weicht von seiner Vorlage ab, und sei es nur in winzigen Details; mitunter wurde es auch um zusätzliches Material aus anderen Quellen ergänzt. Ein klassisches Beispiel ist die Geschichte der Ehebrecherin. Diese Geschichte steht im achten Kapitel des Johannesevangeliums, gehört aber eigentlich nicht dorthin und erscheint in anderen Abschriften an anderer Stelle.

Am selben Tag sah er einen Mann, der am Sabbat arbeitete, und sagte zu ihm: »Wenn du weißt, was du tust, mag es dir zum Segen gereichen. Wenn du es aber nicht weißt, seiest du verfluchter als ein Gesetzesbrecher.«

Codex Bezae, Addendum zu Lukas 6, 4

Das rabbinische Recht sah etliche Ausnahmen für das Arbeitsverbot am Sabbat vor. Jesus selbst wird bezichtigt, gegen Sabbatvorschriften verstoßen zu haben. Der hier zitierte Spruch und sein Kontext – der sich auf ein Ereignis bezieht, das so wahrscheinlich oder unwahrscheinlich ist wie alle in den kanonischen Evangelien beschriebenen Ereignisse – macht darauf aufmerksam, dass letztlich das bewusste Tun ausschlaggebend ist.

Das Ende der satanischen Zeit ist erreicht, doch andere schreckliche Dinge kommen auf uns zu. Ich wurde von Sündern dem Tod überantwortet, auf dass sie zur Wahrheit zurückkehrten und nicht mehr sündigten und stattdessen den spirituellen und unbestechlichen Ruhm der Rechtschaffenheit erwerben mögen, den der Himmel bereithält.

Freer-Logion, Addendum zu Markus 16, 14-15

Wer mir nicht gleicht, gleicht auch dem nicht, der mich gesandt hat. Und wer an mich glaubt, glaubt nicht an mich, sondern an den, der mich gesandt hat.

Freer-Logion, (syrische) Variante zu Johannes 12, 44

Ihr wisset nicht, welches Geistes Kinder ihr seid, denn des Menschen Sohn ist nicht gekommen, um das Leben der Menschen zu verderben, sondern zu erhalten.

Freer-Logion, Variante zu Lukas 9, 55

Das einem Manuskript des vierten oder fünften Jahrhunderts entnommene so genannte Freer-Logion, heute im Besitz des Freer-Museums am Smithsonian Institute, sieht im Markusevangelium ein anderes Ende vor. Es ist offensichtlich eine späte Hinzufügung, hat aber zu Beginn des 20. Jahrhunderts, als das Manuskript entdeckt wurde, großes Aufsehen erregt.

Es ist leichter, dass ein Kamel durch ein Nadelöhr geht, als dass ein Reicher ins Reich Gottes käme.

Freer-Logion, Variante zu Markus 10, 25 und Parallelen

Die Vorstellung, ein Seil durch ein Nadelöhr zu führen, erscheint als übertreibende Metapher sinnvoller als die vom Kamel, das durch ein Nadelöhr geht. Das griechische Wort *kamilos* bedeutet »Seil«, klingt aber ähnlich wie *kamêlos*: das Kamel. Das aramäische Wort *gamla* hat beide Bedeutungen. In den rabbinische Schriften findet sich eine ähnliche Spruchweisheit, nur ist darin von einem Elefanten die Rede. Die Seil-Metapher kam also wahrscheinlich durch eine spätere Fehlübersetzung zustande.

Lass uns nicht in Versuchung geraten.

Cyprian, De Dominica Oratione 7

Diese Variante der berühmten Bitte im Vaterunser – die nicht nur Cyprian so formuliert, sondern auch Augustinus, Hilarius, Chromatus und, in abweichender Lesart, das irische Book of Armagh – legte eine etwas andere Betonung auf die Eigenverantwortlichkeit.

◆ Cyprian lebte im dritten Jahrhundert und war Bischof von Karthago.

Wer könnte aus Dornen Wein machen oder Weizen aus Disteln?

Dialog zwischen Christus und dem Teufel

Der *Dialog zwischen Christus und dem Teufel* ist ein später obskurer Text in slawischer Sprache und voll von prägnanten, eindringlichen Bildern.

Lass die Sonne über unseren Gebeten nicht untergehen.

Dialog des Adamantius 13

Beispiel eines paulinischen Verses, der wenigstens einem Autor als Jesuswort bekannt war. Paulus zitierte (oder formulierte) einen ähnlichen Ausspruch in Epheser 4, 26. Der Dialog des Adamantius ist eine antihäretische Streitschrift aus dem vierten Jahrhundert in Form einer Diskussion zwischen dem orthodoxen Adamantius und mehreren Gnostikern.

Liebt die, die euch hassen, und ihr werdet keine Feinde haben. Didache 1, 3

Ein sehr vernünftiger Ratschlag. Wer hätte Feinde, der sogar diejenigen liebt, die ihn hassen?

◆ Die Didache oder »Lehre der Zwölf Apostel« ist eine frühchristliche Schrift aus dem späten ersten oder frühen zweiten Jahrhundert. Sie beschäftigt sich vor allem mit Regeln der Gemeinde. Die darin enthaltenen Jesusworte sind wahrscheinlich spätere Hinzufügungen.

Gebt nicht das Heilige den Hunden. Didache 9, 5

Ein ähnlicher Satz findet sich als ein für sich stehendes Sprichwort bei Matthäus 7, 6.

Der Letzte Tag kommt wie ein Dieb in der Nacht.

Didymus, De Trinitate

Dieser und der folgende Ausspruch finden sich auch im ersten Brief des Paulus an die Thessalonicher. Im Unterschied zu Paulus zitiert Didymus sie als Jesusworte.

Es kommt nicht zur Nacht, auf dass euch bei Tag die Finsternis ergreife. *Didymus*, De Trinitate

Da die Paulusbriefe um Jahrhunderte älter sind als »De Trinitate«, geht dieser als Jesuswort überlieferte Gedanke wahrscheinlich auf Paulus zurück. Es ist jedoch nicht ausgeschlossen, dass Paulus ein authentisches Jesuswort zitiert.

◆ Didymus der Blinde war ein Kirchenvater des vierten Jahrhunderts in der Tradition des Origenes. Obwohl schon im Alter von vier Jahren erblindet, trat er als vorzüglicher Gelehrter hervor.

Der Arzt eilt dorthin, wo die Krankheit ist. Ich gehe zu den Steinewerfern, dann werden sie, anstatt Steine zu werfen, die Schrift deuten. *Ephräm*, Kommentar zum Diatessaron 17, 1

Steinigung drohte als Strafe auf Gotteslästerung. Wer Gotteslästerer zu Tode steinigt, wird laut Jesus letztlich dazu übergehen, seine Lehren zu deuten. Im Thomasevangelium (Vers 13) offenbart Jesus Thomas drei Worte. Als Simon Petrus und Matthäus von Thomas wissen wollen, was ihm gesagt wurde, antwortet Thomas: »Wenn ich euch eines der Worte sage, die er mir gesagt hat, werdet ihr Steine nehmen und sie gegen mich werfen.«

- Ephräm war ein syrischer Kirchenvater und lebte im vierten Jahrhundert. Sein Kommentar zum Diatessaron ist ein wichtiges Zeugnis einer inzwischen verschollenen Evangelienharmonie, die alle vier kanonischen Evangelien zu einer einheitlichen Erzählung zusammenfasste. Ephräm war außerdem einen begabter Dichter.

Wie lange soll ich bei euch bleiben und euch ertragen? Dieses Menschenalter entsetzt mich. Man hat mich zehn Mal versucht, doch diese taten es zweimal zehn, zwanzig Mal.

Ephräm, Kommentar zum Diatessaron 17, 6

Ich werde das Haus meines Königreiches von allen Sündenspuren reinigen. *Ephräm*, Kommentar zum Diatessaron 18, 7

Im Original steht dieser Satz in der dritten Person. Ich habe ihn in die erste Person übertragen.

Ich habe euch erwählt, ehe die Welt geschaffen wurde.

Ephräm, Kommentar zum Diatessaron 4, 18

Dieser Satz impliziert, dass Jesus schon vor der Weltschöpfung existierte und seine Jünger von vornherein Auserwählte waren.

Alle, die mich sehen und meines Reiches teilhaftig werden wollen, müssen mich in Schmerz und Leiden annehmen.

Barnabasbrief 7, 11B

Auch im Thomasevangelium (Vers 2) ist davon die Rede, dass der Weg ins Reich des Herrn durch Kummer und Leid führt.

◆ Der Barnabasbrief ist ein Text aus dem späten ersten oder frühen zweiten Jahrhundert.

Ich bin der Hoffnungslosen Hoffnung, Helfer der Hilflosen, der Schatz der Bedürftigen, Arzt der Kranken und die Wiederauferstehung der Toten. Epistula Apostolorum 21

»Ich bin«-Worte kennt man aus vielen Kulturen. Jesusworte in dieser Form sind vor allem im Johannesevangelium zu finden. Dieser wunderschöne Ausspruch hier ist in der christlichen Literatur ohne Vergleich.

◆ Die Epistula Apostolorum oder Apostelbriefe stammen wahrscheinlich aus dem zweiten Jahrhundert und vertreten einen frühchristlich-orthodoxen Standpunkt.

Und wir fragten ihn: »Meister, haben wir wie diese Hoffnung auf Erbschaft?«

Er antwortete und sprach: »Sind die Finger der Hand oder die Weizenähren auf dem Feld einzigartig? Bringen alle Bäume dieselben Früchte hervor? Oder treiben sie nicht vielmehr Früchte nach ihrer Natur?« Epistula Apostolorum 32

Ohne Kontext ist dieser Ausspruch rätselhaft. In den Epistula Apostolorum fragen die Jünger Jesus, ob er zu ihnen in Gleichnissen spreche. Jesus erklärt, wie seine Worte zu verstehen sind, nämlich in dem Sinne, dass nicht nur seine Jünger erlöst werden, sondern dass auch deren Jünger Hoffnung auf Erlösung haben.

Wahrlich ich sage euch, ich werde kommen, wenn die Sonne siebenmal heller scheint als sonst, in Herrlichkeit getragen auf den Flügeln der Wolken und mit dem Zeichen des Kreuzes vor mir. Ich werde zur Erde hinabsteigen und richten die Lebendigen und die Toten. Epistula Apostolorum 9

Kirchgängern und denen, die Choräle singen, wird die christliche Bildsprache sattsam vertraut sein. Hier aber zeigen sich neue, ganz außergewöhnliche Bilder: eine siebenmal heller scheinende Sonne auf Wolkenflügeln!

Meine Kraft, o Kraft, du hast mich verlassen.

Petrusevangelium 5, 19

Diese im Petrusevangelium wiedergegebenen letzten Worte Jesu am Kreuz sind eine interessante Variante der bekannten Worte aus Psalm 22, die Jesus im Matthäusevangelium zitiert.

◆ Das Petrusevangelium ist eine Schrift aus dem zweiten Jahrhundert. J. D. Crossan vertritt die Ansicht, dass sie auf einem verschollenen und von ihm als Kreuzevangelium bezeichneten Dokument basiert. Nach seiner Einschätzung wurde dieses Kreuzevangelium unabhängig von den kanonischen Berichten der Passionsgeschichte verfasst – eine Auffassung, die die meisten Experten nicht teilen.

Lasst den Heiligen Geist auf uns herabfahren und uns läutern. *Gregor von Nyssa*, De Domenica Oratione 3

Die Toten werden aus ihren Gräbern aufstehen.
Hippolyt, Refutatio omnium haeresium 5, 8, 23-25

In Matthäus 27, 52-53 öffnen sich die Gräber nach Jesu Kreuzestod.

◆ Hippolyt von Rom lebte im dritten Jahrhundert. Seine Streitschrift wieder alle Häresie (Refutatio omnium haeresium) bietet wichtige, wenngleich voreingenommene Informationen über die Gnosis und andere unorthodoxen Formen des frühen Christentums.

Als der Herr das künftige Königreich der Heiligen beschrieb, fragte Judas, erstaunt über das Gesagte: »Und wer wird diese Dinge sehen?«

Der Herr antwortete: »Jene, die der Ansicht dieser Dinge würdig sind.« *Hippolyt*, Kommentar zu Daniel

Die Frage stellt Judas der Verräter, nicht der Jesusbruder Judas Thomas.

Fasst mich an, betastet mich und seht, dass ich kein körperloser Geist bin.

Ignatius von Antiochien, Brief an die Smyrnäer, 3, 1-2

Die doketistische Häresie betrachtete Jesus als reinen Geist und bestritt seine körperliche Erscheinung auf Erden.

- Ignatius war Bischof von Antiochien und starb im frühen zweiten Jahrhundert als Märtyrer.

Nicht jeder, der mich »Herr, Herr« anruft, wird errettet werden, sondern nur der, der rechtschaffen handelt.

2. Clemensbrief 4, 2

Dieser und die folgenden Aussprüche betonen, dass in einer jeglichen religiösen oder spirituellen Praxis Lippenbekenntnisse nicht ausreichen.

- Verfasser des Briefes ist nicht Clemens von Rom; es handelt sich vielmehr um einen Text des späten zweiten Jahrhunderts.

Wenn ihr vereint wärt mit mir an meiner Brust, so aber doch meine Gebote nicht tut, werde ich euch hinauswerfen und zu euch sagen: Weicht von mir, ich weiß von euch nicht, woher ihr seid, ihr Handlanger des Bösen. 2. Clemensbrief 4, 5

Denn der Herr sprach: »Ihr werdet sein wie Schafe inmitten von Wölfen.« Petrus aber antwortete und sagte zu ihm: »Wenn nun die Wölfe die Schafe zerreißen?«

Jesus sprach zu Petrus: »Die Schafe sollen die Wölfe nicht fürchten, wenn sie gestorben sind; so auch ihr: Fürchtet nicht die, die euch töten und euch darüber hinaus nichts weiter antun können; vielmehr fürchtet den, der nach eurem Tode Macht über Seele und Leib hat und sie ins Feuer der Hölle zu werfen vermöchte.« 2. Clemensbrief 5, 2-4

Mit dieser Gefahr ist vermutlich der Teufel gemeint. Die hier getroffenen Aussagen über den Tod erinnern an das Thomasevangelium. In Vers 60 heißt es dort, dass nur ein totes Lamm verzehrt werden könne.

Wenn ihr das Weinige nicht bewahrtet, wer gäbe euch das Große? Denn ich sage euch: Nur wer im Geringsten Treue leistet, ist auch im Großen treu. 2. Clemensbrief 8, 4-6

Die Aussage scheint klar, wird aber nach meinem Dafürhalten durch die anschließende Interpretation des Autors verkompliziert, wenn er sie dahingehend deutend, dass nur derjenige das ewige Leben empfängt, wer das Fleisch und das Siegel (des Bundes?) rein und unbefleckt erhält.

Wenn ich eines dieser Worte zu hören verlangte, war oft niemand da, der es mir gesagt hätte.

Irenaeus, Gegen die Häresien 1, 20, 2

Man hat vermutet, dass das Original dieses Satzes nicht in der ersten, sondern in der dritten Person Plural ausgesprochen wurde, was seltsam erscheint, wenn es denn auf Jesus zurückgeht. In Vers 38 des Thomasevangeliums sagt Jesus: »Oft habt ihr diese Worte zu hören gewünscht, die ich euch sage, und ihr habt keinen anderen, von dem ihr sie hören könnt. Tage werden kommen, da ihr mich suchen und nicht finden werdet.«

◆ Irenaeus war ein weiterer Kämpfer gegen die Häresie, der der Nachwelt wider alle Absicht ein Zeugnis eben jener Häresie hinterließ, die er auszulöschen versuchte.

Es gibt eine Schande, die zum Tod führt, und eine Schande, die zum Leben führt. *Hieronymus*, Kommentar zu Hesekiel 16, 52

Tief empfundene Schande kann selbstquälerische Schuldgefühle heraufbeschwören oder aber durch Reue Veränderung bewirken.

◆ Der Kirchenvater Hieronymus ist der Übersetzer der Bibel ins Lateinische.

Wer mich hört und tut, wozu ich ihm rate, hört den, der mich gesandt hat. *Justinus*, 1. Apologie 16, 19

Justinus der Märtyrer zitiert Jesusworte auf eine Weise, die deutlich von den bekannten kanonischen Versionen abweicht.

◆ Justinus der Märtyrer lebte in der ersten Hälfte des zweiten Jahrhunderts. In Palästina als Heide zur Welt gekommen, avancierte er zum Kirchenvater.

Wer euch hört, hört mich, und wer euch abweist, weist auch mich ab, und wer mich abweist, weist den ab, der mich gesandt hat; alle, die mich hören, hören den, der mich gesandt hat.

Justinus, 1. Apologie 16, 10

Der Einfluss Gottes wird gesehen als eine Kette, die Gott mit Jesus und alle diejenigen verbindet, die Jesus hören. Diese Vorstellung erinnert mich an die magnetische Kette der Inspiration, die sich laut Platons Ion von den Musen über die Dichter und Rezitatoren bis zu den Zuhörern erstreckt.

Wo der Geist ist, befindet sich der Schatz.

Justinus, Apologie 15, 16

Das Bild des verborgenen Schatzes taucht im frühen Christentum häufig auf; in diesem Fall wird der Schatz einem spirituellen Zustand gleichgesetzt und verweist nicht, wie sonst häufig, auf eine zukünftige Belohnung.

Viele werden kommen in meinem Namen, die äußerlich mit Schafspelz bekleidet, innerlich aber reißende Wölfe sind.

Justinus, Dialog 35, 3

Zu Lebzeiten des Justinus, also im zweiten Jahrhundert, war das Christentum ein Sammelbecken strittiger Bekenntnisse und Doktrinen. Justinus' Bekenntnis würde heute als proto-orthodox bezeichnet werden.

Es wird Spaltungen und Häresien geben.

Justinus, Dialog 35, 3

Viele falsche Christusgestalten und falsche Apostel werden aufstehen und werden viele von den Gläubigen verführen.

Justinus, Dialog 35, 3

So, wie ich euch treffen werde, werde ich euch auch richten.

Justinus, Dialog 47, 5

Wie ihr aufgefunden werdet, so werdet ihr aufgenommen.

Liber Graduum, 3, 3, 15, 4

Lewis Carroll, der Autor von *Alice im Wunderland*, sagt in seinem Vorwort zu *Sylvie und Bruno*: »Denkt daran, die sicherste Regel ist die, all solche Situationen zu meiden, in denen wir auf keinem Fall sterben möchten.«

◆ Das Liber Graduum (das Buch der Stufen) besteht aus dreißig Predigten, geschrieben im Syrien des vierten Jahrhunderts. Der Text ist gespickt mit Jesuszitaten, die so oder ähnlich im Neuen Testament nicht zu finden sind.

Männer, die kein Weib haben, und Frauen, die keinem Mann angehören, sind wie Engel und sterben nie. Wer Weib, Kinder und Familie sowie all sein Hab und Gut nicht verlässt, wird meiner nicht würdig sein. Liber Graduum 19, 14

Solchen Forderungen nachzukommen dürfte jedermann schwerfallen. Die Askese spielte im syrischen Christentum eine wichtige Rolle; allerdings ist das Liber Graduum kein Produkt einer klösterlichen Gemeinschaft.

Ich bin nicht gekommen, um die Welt zu richten, sondern Demut zu lehren und zu erlösen, auch um meinen Jüngern ein Beispiel zu geben, damit sie tun, was ich tue.

Liber Graduum, 2, 2

Wer seinen Feinden nicht – wie ich dem Ischariot – die Füße wäscht, weil von denen Verrat droht, ist meiner nicht würdig.

Liber Graduum, 2, 4, 6

Der Bezug auf Ereignisse und Personen aus dem Leben Jesu lässt dieses und das folgende Wort sekundär erscheinen. Die Erwähnung von Judas Ischariot legt die

Vermutung nahe, dass dieses Wort nach dessen Verrat an Jesus gesprochen wurde.

Jeder, der nicht in meinen Fußstapfen wandelt und nicht die Häuser von Steuereintreibern und Huren betritt, um diese zu lehren, wie ich es geheißen, wird nicht vollkommen sein.

Liber Graduum 2, 6, 2

Dieses Wort scheint sich kaum zu vertragen mit den asketischen Vorschriften, die das Liber Graduum kennzeichnen; wer allerdings keusch lebt und keinen Besitz hat, muss sich vor Huren und Steuereintreibern auch nicht in Acht nehmen.

Seid geduldig und betet für sie [die sündigen Menschen], damit sie am Leben teilhaben. Denn seht, wenn sie bereuen, werden sie sich ihrer Schwächen schämen und zu euch kommen und leben. Wenn sie aber nicht bereuen und in der Sünde verharren, so nehmt euch zum Trost, dass ich mich am Tage des Gerichts in meiner Herrlichkeit offenbaren werde, und dann werdet ihr mit mir vor aller Kreatur verherrlicht sein, während jene vor mir und aller Kreatur, der himmlischen sowie der irdischen, gedemütigt werden. Ihr aber sollt nicht frohlocken über ihr Verderben, sondern für sie beten, auf dass sie aufgerichtet werden mögen.

Liber Graduum, 20, 13

Seid demütig und heilig, trennt euch von der Welt und der Ehe, liebt alle Menschen und folgt mir nach. Entsagt der Welt, denn auch ich war nie ein Teil von ihr, schafft auch keine weltlichen Werke. Aber folgt mir und seid vollkommen.

Liber Graduum 25, 4

Dem muslimischen Jesus sind ebenfalls solche asketischen Merkmale und das Misstrauen gegenüber allem Weltlichen eigen, wie sie in den syrischen Jesusworten zum Ausdruck kommen. Vielleicht besteht eine Beziehung zwischen den syrischen Überlieferungen und dem muslimischen Jesus.

Bist du geschlagen und bezwungen worden, hast du gewonnen; du wirst aus dem Kampf als Sieger hervorgehen, den Kranz entgegennehmen und mit diesem Lohn von der Welt scheiden. Deine Schwächen sind bald vergessen; stattdessen wirst du als Sieger empfangen und emporgehoben werden, geschmückt mit deinem Siegerkranz. Liber Graduum 3, 3

Diese Bildsprache könnte der hellenistischen Wettkampftradition entlehnt sein wie auch folgender Spruch aus dem zweiten Brief des Paulus an Timotheus (4, 7): »Ich habe einen guten Kampf gekämpft, den Lauf vollendet, den Glauben gehalten.«

Wer nicht all seine Habe aufgibt, sein Kreuz auf sich nimmt und mir folgt, ist meiner nicht würdig. Liber Graduum 3, 5

Wer nicht verlässt sein Weib und seine Kinder und alles, was er auf Erden besitzt, ist meiner nicht würdig.

Liber Graduum 30, 25

Werft nicht, was heilig ist, den Hunden vor, noch Perlen vor die Säue, denn sie trampeln mit ihren Füßen darauf und lenken euch ab von euren Lehren. Liber Graduum 30, 11

> In dieser Wendung des bekannten Sinnspruches wird der Ratschlag, keine Perlen vor die Säue zu werfen – also denen zu predigen, die es nicht verdienen und nicht wünschen –, damit begründet, dass man durch das Gespräch mit diesen seinen eigenen Glauben nur schwächt.

Wer Flüche ausstößt, wird zornig oder entdeckt eine Schwäche in sich, aber er behebt diese nicht und wird nicht zur Vollkommenheit gelangen. Liber Graduum 4, 1

> Diese Aussage klingt wie eine moderne psychologische Einschätzung der Frage, wie mit negativen Emotionen umgegangen werden sollte.

Die Welt kann den Parakleten nicht beherbergen; die rechtschaffenen Kinder dieser Welt können nur das Geschenk des Bundes bewahren. Liber Graduum 5, 18

> Das griechische Wort *parakletos* bedeutet Helfer oder Fürsprecher vor Gott.

Ich werde euch, wenn ich komme, Vollkommenheit schenken. Wenn ich den Parakleten zu den Aposteln schicke, werdet ihr ebenfalls durch mich vollkommen sein, denn ihr wartetet auf mich und suchtet die Vollkommenheit der Engel des Himmels, aus dem euer Vater Adam herabstürzte. Ich werde euch und euren Vater Adam in die Höhen zurückführen, aus denen ihr gefallen seid. Liber Graduum 9, 12

Viele Sprüche im Liber Graduum beschäftigen sich mit der Vollkommenheit, dem Erreichen spiritueller Reife.

Diejenigen, die sich der Wiederauferstehung würdig erweisen, sind wie die Engel Gottes und unsterblich.

Liber Graduum 15, 4

Wer nicht diejenigen aufsucht, die seiner bedürfen, wie ich Johannes [den Täufer] aufsuchte, als er mich brauchte, wird nicht mein Jünger sein. Liber Graduum 2, 4, 7

Wie auch andere außerkanonischen Sprüche weist dieses Wort darauf hin, dass Johannes der Täufer Jesus nötiger hatte als Jesus ihn.

Wer irgendetwas besitzt, ist meiner nicht würdig.

Liber Graduum 3, 6

Ganz und gar ohne Hab und Gut zu sein ist in dieser Welt kaum vorstellbar, dennoch können wir uns von dem, was wir besitzen, lösen.

Ich habe den Propheten versprochen, dass ich zurückkehren werde und sie vollkommen mache. Liber Graduum 9, 13

Ich bin der Tag. *Marcellus* zitiert in: *Eusebius*, Gegen Marcellus

Paulus sagte: »Ihr seid allzeit Kinder des Lichts und Kinder des Tages; wir sind weder von der Nacht noch von der Finsternis.«

Seid geschickte Geldwechsler.

Origenes, Johannes-Kommentar 19, 7, 2

Wahrscheinlich sind die Geldwechsler im Tempel gemeint. Anspielungen darauf sind häufig in der christlichen Literatur zu finden. Dieser Spruch wird im allgemeinen zu jenen Agrapha gezählt, die höchstwahrscheinlich authentisch sind.

◆ Origenes war der Nachfolger von Clemens als Oberhaupt der Katechetenschule von Alexandria. Er war ein hervorragender Gelehrter und legte eine allegorische Interpretation der Heiligen Schrift vor.

Den Schwachen zuliebe war ich schwach, und den Hungrigen zuliebe war ich hungrig, und den Durstigen zuliebe war ich durstig. *Origenes*, Matthäus-Kommentar 13, 2

»Den Schwachen wurde ich wie ein Schwacher, damit ich die Schwachen gewinne. Ich bin jedermann allerlei geworden, damit ich auf jeden Fall einige erretten kann.« (1. Korinther 9, 22).

Die Weisheit schickt ihre Kinder voran.

Origenes, Jeremia-Homilien 14, 5

Bitte um Großes, und Kleines wird dir gegeben; bitte um himmlische Dinge, und irdische Dinge werden dir gegeben.

Origenes, Psalmenkommentare 4, 4

Origenes zitiert in seinen Schriften dieses Wort etliche Mal. Ein ähnlicher Gedanke findet sich bei Matthäus 6, 33: »Euch sollte es zuerst um das Reich Gottes und seine Gerechtigkeit gehen, dann wird euch alles andere zufallen.« Wenn wir unserem spirituellen Leben Priorität geben, fügt sich alles andere.

Wo auch immer drei sind, so sind sie gottlos. Und wo einer allein ist, sage ich: Ich bin bei ihm. Spalte das Holz, und ich bin dort. Richte den Stein auf, und dort wirst du mich finden.

Papyrus Oxyrhynchus 1

Papyrus Oxyrhynchus 1 ist eine Version des Thomasevangeliums, das dem Nag-Hammadi-Text zeitlich vorausgeht. Er ist auf Griechisch, der Originalsprache des Thomasevangeliums, verfasst, die Nag-Hammadi-Version dagegen auf Koptisch. Der Satzteil »Spalte das Holz« erscheint in der koptischen Version an anderer Stelle.

- Gegen Ende des 19. Jahrhunderts überwachten zwei britische Archäologen, Grenfell und Hunt, die Ausgrabungen der antiken Stadt Oxyrhynchus in Ägypten. Unter Tausenden von Papyri fanden sich Fragmente verschollener Evangelien, so auch Fragmente früher Kopien des Thomasevangeliums.

Erkenne das, was dir vor Augen steht, und das Verborgene wird dir offenbart werden. Denn nichts ist verborgen, das nicht offenbar werden wird, und nichts ist begraben, das nicht wiederauferstehen wird. Papyrus Oxyrhynchus 654

Der letzte Satz fehlt in der koptischen Version, steht aber auf einem Totenhemd geschrieben, das ebenfalls in Oxyrhynchus gefunden wurde – Jesus sagte: »Nichts ist begraben, das nicht wiederauferstehen wird.«

Kümmert euch nicht von früh bis spät noch vom Abend bis zur Frühe, weder um das, was ihr essen, noch um das, was ihr anziehen sollt. Ihr seid bei weitem besser als die Lilien, die weder krempeln noch spinnen. Wenn ihr keine Kleider habt, was wollt ihr tragen? Wer könnte euer Leben verlängern? Er ist es, der euch Kleider gibt. Papyrus Oxyrhynchus 655

Der Papyrus Oxyrhynchus 655 ist eine griechische Version des Thomasevangeliums, jedoch eine andere Kopie als der Papyrus Oxyrhynchus 1 oder 654. Der erste Teil dieses Spruches entspricht dem Vers 36 der koptischen Version, der die weiteren Sätze fehlen. Die Kleidung könnte metaphorisch verstanden werden als psychischer Zustand – wer trauert, hüllt sich in Sack und Asche; wer exaltiert, trägt ein weißes Gewand.

… bevor er Unrechtes tut, denkt er sich allerhand Kluges aus. Aber hütet euch, dass nicht auch ihr das Gleiche erleidet wie sie. Denn die Übeltäter erhalten ihren Lohn nicht nur unter den Lebenden, sondern sie erwartet darüber hinaus Strafe und Folter. Papyrus Oxyrhynchus 840

Und er nahm sie und führte sie in den Reinheitsbezirk selbst hinein und ging herum im Tempel. Und es kam herbei ein pharisäischer Hohepriester mit Namen Levi, der trat auf sie zu und sagte dem Heiland: »Wer hat dir erlaubt, diesen Reinheitsbezirk zu betreten und diese heiligen Geräte anzusehen, ohne dass du dich gewaschen hast, noch deine Jünger sich die Füße gewaschen haben? Stattdessen hast du diesen Tempelplatz, der rein ist, verunreinigt betreten, den doch keiner betreten noch es wagen darf, diese heiligen Geräte zu betrachten, es sei denn, er hat sich gewaschen und die Kleider gewechselt.«

Der Heiland antwortete ihm und sagte: »Wehe den Blinden, die nicht sehen! Du hast dich gewaschen in diesen ausgegossenen Wassern, in die sich Hunde und Schweine werfen bei Nacht und bei Tag. Und hast gewaschen und abgetrocknet die äußere Haut, die auch die Dirnen und Flötenspielerinnen salben und waschen und abwischen und schminken zur Begierde der Menschen, und sind doch im Innern voller Skorpione und allem Schlechten. Ich aber und meine Jünger, von denen du sagst, dass sie ungewaschen sind, wir sind getauft im Wasser des ewigen Lebens, das kommt vom Himmel.«

Papyrus Oxyrhynchus 840

◆ Diese Erklärungen zu den Waschungsriten sind spätere Hinzufügungen. Die Unterscheidung zwischen äußerer und innerer Reinheit ist uns von kanonischen Jesusworten her vertraut. Die hier erwähnten besonderen Details der rituellen Waschung mögen zwar exotisch klingen, doch erwarten auch heute viele Kirchen und Synagogen von ihren Besuchern die Einhaltung bestimmter Kleidervorschriften.

Denn wer nicht gegen euch ist, der ist für euch. Wer heute fern ist, wird euch morgen nahe sein. Papyrus Oxyrhynchus 1224

Im Thomasevangelium (Vers 82) heißt es entsprechend: »Wer mir nahe ist, der ist dem Feuer nahe, und wer fern von mir ist, ist fern vom Königreich.«

Da kamen in der Wüste drei Männer auf uns zu und sprachen zu unserem Herrn Jesus: »Wie kann Kranken geholfen werden?«

Und er antwortete ihnen: »Ich gebe Olivenöl und Myrre all denen, die an den Namen des Vaters und des Heiligen Geistes und des Sohnes glauben.«

Papyrus Oxyrhynchus 1384

Von wenigen Ausnahmen abgesehen, werden die Heilwunder Jesu in den kanonischen Schriften nicht näher beschrieben (in Johannes 9, 1-7 heilt er zum Beispiel einen von Geburt an Blinden mit einem Gemisch aus Speichel und Erde). Dieses Papyrus-Fragment ist beispielhaft für einen christlichen Wundertext. Davon hat es in der Antike viele gegeben. Eine umfangreiche Sammlung wurde von Marvin Meyer und Richard Smith unter dem Titel *Ancient Christian Magic* herausgegeben.

Es kommen Tage, an denen Weinstöcke wachsen werden, ein jeder mit 10.000 Reben und an einer Rebe 10.000 Zweige und an einem Zweig 10.000 Triebe und an jedem Trieb 10.000 Trauben und an jeder Traube 10.000 Beeren, und jede Beere wird ausgepresst 25 Maß Wein geben. Und wenn einer von den Heiligen eine Traube ergreift, wird eine andere ihm zurufen: »Ich bin eine bessere Traube, nimm mich und preise durch mich den Herrn!« Ähnlich wird auch ein Weizenkorn 10.000 Ähren hervorbringen und jede Ähre 10.000 Körner haben und jedes Korn 10 Pfund weißes, reines Mehl ergeben. Und solchermaßen alle übrigen Früchte und Samen und Kräuter; und alle Tiere, die sich mit den Speisen der Erde nähren, werden friedlich und zutraulich untereinander und den Menschen gegenüber unterwürfig sein.

Papias in: *Irenaeus*, Gegen die Häresien V, 33, 3

Eine ähnliche Stelle findet sich im zweiten Buch Baruch 29, 5, einem Pseudoepigraph. Der übertriebene

Ton hier mag uns Heutigen seltsam anmuten. Dieses Jesuswort scheint in direkter mündlicher Überlieferung erhalten geblieben zu sein, denn Papias behauptet, es von »Johannes, dem Jünger des Herrn« gehört zu haben, dem es von Jesus gesagt wurde.

◆ Die Schriften des Papias sind nur in Zitaten erhalten geblieben, vornehmlich bei Irenaeus und Eusebius. Papias lebte in der letzten Hälfte des ersten Jahrhunderts, sammelte Logien und betonte, dass ihm vor allem an mündlichen Überlieferungen gelegen sei.

Sie kamen zu ihm, um ihn zu prüfen, und sagten: »Lehrer Jesus, wir wissen, dass du von Gott gekommen bist. Denn was du tust, ist ein größeres Zeugnis als das aller Propheten. Daher sage uns: Ist es richtig, den Königen die zustehenden Abgaben zu entrichten? Soll man sie ihnen bezahlen oder nicht?«

Aber Jesus erkannte ihre Absicht, ergrimmte und sagte: »Warum nennt ihr mich mit eurem Mund Lehrer, aber tut nicht, was ich sage. Richtig prophezeite Jesaja über euch: ›Dies Volk ehrt mich mit seinen Lippen, aber ihr Herz ist fern von mir und sie fürchten mich nach Menschengeboten.‹«

Papyrus Egerton 2

Dieser Text ist fragmentarisch. Ich bin den Universitätsinstituten dankbar, die Rekonstruktionsvorschläge aus dem Griechischen unterbreitet haben.

◆ Der Papyrus Egerton 2 wurde 1935 erstmals veröffentlicht. Das Britische Museum hatte ihn wenige Jahre zuvor erworben. Ein zusätzliches Fragment, Papyrus Köln 255, wurde 1987 gefunden und veröffentlicht.

Und Jesus sagte zu dem Rechtsgelehrten: »Strafe nicht mich, sondern den Gesetzesbrecher, denn er weiß nicht, wie er tut, was er tut.« Codex Bezae, Addendum zu Lukas 6, 4

Siehe auch das Jesuswort, wonach gesegnet ist, wer am Sabbat arbeitet und weiß, was er tut.

Dann wandte er sich an die Oberen des Volkes und sprach: »Erforscht die Schriften, durch die ihr das Leben zu haben glaubt. Sie zeugen von mir. Denkt nicht, dass ich gekommen bin, um euch bei meinem Vater anzuklagen. Der, der euch anklagt, ist Moses, auf den ihr hofft.«

Sie aber sagten: »Wir wissen, dass Gott durch Moses sprach, aber wir wissen nicht, woher du bist.« Jesus antwortete und sprach: »Was zur Anklage kommt, ist euer mangelnder Glaube an die, die von ihm kamen. Wenn ihr Moses glaubtet, würdet ihr mir glauben, denn er berichtete euren Vätern von mir.« Papyrus Egerton 2

Da kam ein Leprakranker zu ihm und sagte: »Lehrer Jesus, ich bin mit Aussätzigen gereist und aß mit ihnen in der Herberge, jetzt bin auch ich erkrankt. Wenn du es willst, werde ich wieder rein sein.«

Der Herr sprach zu ihm: »Ich will es; sei rein.« Und der Kranke wurde auf der Stelle gesund. Da sagte Jesus zu ihm: »Geh, zeige dich den Priestern, entrichte ein Opfer nach den von Moses verlangten Reinheitsgeboten und sündige hinfort nicht mehr.«

Papyrus Egerton 2

Leprakranken war der Aufenthalt in Herbergen verwehrt, womit verhindert werden sollte, dass sie andere ansteckten. Zu dieser fragmentarischen Textstelle wurden verschiedene Rekonstruktionsvorschläge unterbreitet.

Also seht ihr mich in euch selbst, so wie ihr mich im Wasser oder in einem Spiegel sähet.

Pseudo-Cyprian, De Montibus Sina et Sion

In der dreizehnten Ode Salomos heißt es: »Seht, der Herr ist unser Spiegel. Öffnet die Augen, erblickt sie in ihm und erkennet die Züge eures Antlitzes.«

◆ Die Texte des Pseudo-Cyprian waren ursprünglich dem Kirchenvater Cyprian zugeschrieben worden. Heute geht man allerdings davon aus, dass sie ein anonymer Autor aus Nordafrika verfasst hat, ein Christ des dritten Jahrhunderts.

Kränkt nicht den Heiligen Geist, der in euch wohnt, und löscht nicht das in euch leuchtende Licht.

Pseudo-Cyprian, De Aleatoribus 3

Der Heilige Geist, so lässt sich folgern, ist das in uns leuchtende Licht.

Gesegnet sind die Hungernden und Durstenden, denn sie werden dort satt gemacht werden; aber wehe denen, die satt sind, denn sie werden dort hungern und dursten. Und gesegnet sind die, die trauern und weinen, denn sie werden dort lachen und getröstet werden; wehe aber denen, die jetzt lachen, denn dort werden sie trauern und unablässig weinen. Und gesegnet sind die Barmherzigen, denn denen wird dort Barmherzigkeit widerfahren; wehe aber denen, die unbarmherzig sind, denn ihnen wird keine Barmherzigkeit widerfahren.

Pseudo-Ephräm, Sermo Compunctorius

Obwohl der Inhalt vertraut klingt, unterscheiden sich diese Antithesen doch deutlich von den Sprüchen der Bergpredigt bei Matthäus oder Lukas. Ursache und Wirkung in Bezug auf das jeweilige Verhalten zu Lebzeiten und den zu erwartenden Lohn in der Zukunft lassen sich mit dem Karma-Gedanken vergleichen.

Wehe, wehe den Seelen, die ihr eigenes Urteil verschmähen! Ich sehe Menschen, deren Seelen sich an Selbstgefälligkeit ergötzen und der unreinen Welt hingeben. Ich sehe, wie all dies dem Feind nützt. Darum kann ich mich zu ihnen begeben und sagen: »Ihr Seelen, die ihr euch der Unkeuschheit verschreibt, ihr seid ohne Gottesfurcht.« Pseudo-Titus-Brief

Welche Art von Jungfrau, welche Art von Frau? Welche Art von Wiederauferstehungswunder habt ihr mir gezeigt, die ihr doch Feste der Leere für euch gabt und Vergnügen an den Exzessen der Heiden fandet und ihre Freuden teiltet?

Pseudo-Titus-Brief

Unter »Fest der Leere« ist wahrscheinlich ein heidnischer Ritus zu verstehen.

◆ Der Pseudo-Titus-Brief wurde fälschlicherweise Titus, dem Begleiter des Apostels Paulus, zugeschrieben.

Christus ist dem Manne vorangestellt.

Fragen des Bartholomäus 2, 6-7

In den Fragen des Bartholomäus zitiert Petrus »den Herrn«. Die lateinischen und slawischen Versionen dieses Textes fügen hinzu: »... aber der Mann ist dem Weib vorangestellt.«

◆ *Die Fragen des Bartholomäus* war ein sehr populärer Text, der den Himmel und die Hölle auf recht spektakuläre Weise beschreibt. Er ist in lateinischen, slawischen und griechischen Versionen erhalten.

Warum wundert ihr euch über die Zeichen? Ich habe euch ein großes Erbe hinterlassen, an dem es der gesamten Welt mangelt.

Symeon, Homilie 12, 17

Haltet euch an Glaube und Hoffnung, aus denen die Liebe Gottes und die Menschenliebe hervorgehen und mit ihnen das ewige Leben. *Symeon*, Homilie 37, 1

Als Salome den Herrn fragte: »Wie lange wird der Tod Gewalt haben?«, antwortete er: »Solange Weiber Kinder gebären.«

Ägypterevangelium in: *Clemens von Alexandria*, Stromateis III, 6, 45

Salome kommt auch im Thomasevangelium (Vers 61) zu Wort, wo sie sich ebenfalls mit Jesus unterhält. Clemens von Alexandria zitiert diesen Auszug aus dem Ägypterevangelium an drei verschiedenen Stellen. Zweimal interpretiert Clemens den Dialog wörtlich mit den Worten: »... nicht in dem Sinne, dass das Leben schlecht sei und alle Schöpfung übel, sondern als eine Lehre natürlicher Generationsfolgen.« Außerdem berichtete er uns, dass Jesus »nicht abschätzig über die Zeugung von Kindern spricht, denn die ist unerlässlich für das Heil der Gläubigen.«

In einer dritten Bezugnahme auf diesen Dialog interpretiert er im übertragenen Sinn: »Sünde, so heißt es, ist der Tod der Seele.« Nach dieser Auffassung ist »Solange Weiber Kinder gebären« nur ein bildlicher Ausdruck für: »Solange die Begierden aktiv sind.«

- Das Ägypterevangelium ist – wie auch das jüdisch-christliche Evangelium der Hebräer – von den »verloren gegangenen Evangelien« dasjenige, das in Gelehrtenkreisen auf der Wunschliste wiederzuentdeckender Schriften ganz oben steht. Es stammt wahrscheinlich aus dem Ägypten des zweiten Jahrhunderts und überlebte nur in Zitaten der Kirchenväter.

Salome sagte: »Dann tat ich also gut daran, keine Kinder zu gebären.«

Und der Herr antwortete: »Iss von jeder Pflanze, aber von der, die Bitterkeit in sich hat, iss nicht!«

Ägypterevangelium in: *Clemens von Alexandria*, Stromateis III, 9, 66

Clemens zitiert diese Fortsetzung des Dialoges zwischen Jesus und Salome nur einmal. Vielleicht spielt Jesus hier auf emotionale Bitterkeit an.

Als der Herr gefragt wurde, wann das Königreich anbreche, antwortete er: »Wenn die zwei eins werden, das Äußere und das Innere gleich sind und die Verbindung zwischen Mann und Frau weder männlich noch weiblich sein wird.«

Ägypterevangelium in: *Clemens von Alexandria*, Stromateis III, 13, 92

Dieser esoterische Spruch taucht im Neuen Testament nicht auf, wird aber in außerkanonischen Schriften häufig zitiert. William Stroker fand dreizehn entsprechende Stellen in frühchristlichen und gnostischen Texten. Das Thomasevangelium und der erste Clemensbrief zählen zu den frühesten Quellen. Im Ägypterevangelium ist es Salome, der Jesus antwortet; bei Thomas ist es ein nicht namentlich genannter Jünger.

Aufgrund der großen Verbreitung und entsprechender Parallelen bei Paulus wage ich die Behauptung, dass es sich um ein authentisches Jesuswort handelt.

Wer den Vater liebt, liebt auch den Sohn, der aus ihm gezeugt. *Theodoret*, Kirchengeschichte 1, 4, 45

Theodoret schrieb seine Kirchengeschichte im fünften Jahrhundert.

Wahrlich, dein Auge wird sich dem Licht der Welt nie ewiglich verschließen. Vita Schenouda

Die Lebensbeschreibung des Heiligen Schenouda zählt zu den populärsten koptischen Schriften. Schenouda war ein ägyptischer Mönch des fünften Jahrhunderts und stand einem Wüstenkloster als Abt vor.

Wenn ihr auch alle Früchte auf Erden wachsen und reifen seht und den zarten Duft der Pflanzen wahrnehmt, so werden diese doch bald austrocknen und unter der Sommerhitze verdorren. Blickling-Homilien

Die Blickling-Homilien, eine Sammlung von Predigten zu bestimmten Tagen des Kirchenkalenders, sind angelsächsische Schriften aus dem 9. oder 10. Jahrhundert. In Großbritannien, insbesondere in Irland, wurden bekanntermaßen auch apokryphe Texte studiert; vielleicht stammt dieses Wort aus einem solchen Text.

Dank der Herrlichkeit meiner göttlichen Natur werdet ihr mich stets anwesend finden unter gläubigen Menschen.

Blickling-Homilien

◆ Roderic Dunkerley, der Verfasser von *Beyond the Gospel*, einer Studie außerkanonischer Literatur, machte auf einige unbekannte Logien in altenglischen Predigten und Homilien aufmerksam.

Richtet jetzt so, wie ihr am Tage des Jüngsten Gerichts gerichtet zu werden wünscht. Blickling-Homilien

Seid weder betrübt in euren Herzen noch angsterfüllt, denn ich werde mich für euch vor dem Vater einsetzen, auf dass er euch in seiner himmlischen Macht erhalten möge.

Blickling-Homilien

Ich lasse euch nicht allein zurück, sondern sende euch den Parakleten [Heiligen Geist]. Blickling-Homilien

Seid tapfer im Krieg und kämpft gegen die alte Schlange, so werdet ihr in die Ewigkeit des Königreiches eingehen.

Altenglische Homilie

Dieser Spruch stammt nicht aus den Blickling-Homilien, sondern aus einer auf Latein verfassten englischen Homilie des 12. Jahrhunderts.

Jüdische Logien

Einführung in die jüdischen Logien

Jesus war Jude, und das Christentum hat seinen Ursprung im Judentum. Soweit wir wissen, waren auch alle direkten Jünger Jesu Juden. Die frühesten christlichen Gemeinden gründeten sich als judaistische Sekten. Innerhalb weniger Jahre schlossen sich auch Nichtjuden der Bewegung an. Die daraufhin einsetzende Lockerung der traditionellen Vorschriften für nichtjüdische Konvertiten löste die Verankerung der Sekten im Judentum, und das Christentum separierte sich als unabhängige Religion.

Als gegen Ende des ersten Jahrhunderts das Evangelium des Johannes geschrieben wurde, waren »die Juden« bereits die Antagonisten der Heilsgeschichte, obwohl der Autor des Evangeliums allgemein selbst als Jude betrachtet wird. Die Juden ihrerseits grenzten sich mit der *Birkat Ha Minim* von den Christen ab, dem so genannten Ketzersegen, der gegen Ende des ersten Jahrhunderts eingeführt wurde und Häretiker verfluchte. Mit der Zerstörung des Tempels im Jahre 70 unserer Zeitrechnung und der Vertreibung der Juden aus Judäa fünfundsechzig Jahre später war das Judentum massiven Veränderungen unterworfen; es entwickelte sich zum rabbinischen Judentum, das eine neue Kultur und Literatur entstehen ließ. Die umfangreiche Sammlung des Talmud verschriftlichte die religiösen Praktiken des rabbinischen Judentums.

Während sich das Christentum zu einer gänzlich eigenständigen Religion entwickelte, blieben jüdische Formen des Christentums über Jahrhunderte erhalten. Jüdische Christen waren ihrer Herkunft nach Juden und betrachteten sich selbst als Juden. Von außen wurden sie schließlich keiner der beiden Glaubensrichtung zugerechnet und sowohl von den orthodoxen Juden als auch von den orthodoxen Christen als Häretiker bezeichnet. Zwar existierten auch noch nach der durch Konstantin beschlossenen Einsetzung des Christentums als römische Staatsreligion mehrere jüdisch-christliche Sekten, doch sie entwickelten sich nie zu einer größeren Bewegung und starben schließlich aus. Vom jüdischen Christentum sind nur noch Auszüge seiner Literatur bekannt, vor allem aus Zitaten der Kirchenväter. Teile des Hebräerevangeliums, des Nazaräerevangeliums und des Evangeliums der Ebioniter sind in mittelalterlichen Bibelausgaben erhalten geblieben. Jüdische Christen widersetzten sich dem Einfluss des Apostels Paulus, der in den Rekognitionen und Homilien der Pseudoklementinen nach Auslegung mancher Exegeten mit Simon Magus gleichgesetzt wird.

Der Talmud ist die bedeutendste Schrift des rabbinischen Judentums. Sie besteht aus der Mischna, einer in Traktate gegliederten Sammlung rabbinischer Weisheiten und Gesetzeskommentare aus dem dritten Jahrhundert, und der Gemara, die aus Kommentaren und Interpretationen zur Mischna entstanden ist. Der Babylonische und der Palästinische oder Jerusalemer Talmud bilden zwei große Kompilationen aus faszinierenden Auslegungen und Kritiken jüdischer Gesetze und Praktiken. Verweise auf Jesus sind in der jüdischen Literatur selten zu finden, meist nur in späteren Schriften und in satirischer Form. Manche sehen in Bileam, jener sonderbaren Prophetengestalt aus dem vierten Buch Moses, eine verschleierte Anspielung auf Jesus; im Talmud wird Jesus als Ben Stada bezeichnet, also als Sohn eines Zauberers, der am Tag vor dem Passahfest hingerichtet wurde; an anderer Stelle trägt er den Namen Ben Pantera und wird damit als illegitimer Sohn eines römischen Soldaten und einer jüdischen Mutter namens Miriam dargestellt. Der Autor Celsus greift im zweiten Jahrhundert auf diese Überlieferung zurück, die auch Teile des Monty-Python-Films *Das Leben des Brian* inspiriert haben dürfte.

Jüdische Logien

Da sagte der andere Reiche zu ihm: »Meister, was muss ich tun, damit ich lebe?«

Er antwortete: »Achte das Gesetz und tue, was die Propheten gelehrt haben.«

Er erwiderte: »Das tue ich.«

Jesus aber sagte: »Geh und verkaufe alles, was du hast, verteile es unter den Armen, dann komme und folge mir nach.«

Der reiche Mann kratzte sich am Kopf; es gefiel ihm nicht, was er da hörte. Und der Herr sprach zu ihn: »Wie kannst du behaupten, das Gesetz zu achten und zu tun, was die Propheten gelehrt haben? Denn das Gesetz verlangt: Liebe deinen Nachbarn wie sich selbst, und siehe, viele deiner Brüder, die Söhne Adams sind, tragen Lumpen und müssen hungers sterben. Dein Haus aber ist voll guter Dinge, und nichts davon wird zu ihnen getragen.«

Und er wandte sich seinem Jünger Simon zu, der neben ihm saß, und sagte: »Simon, Sohn des Jonah, es ist leichter für ein Kamel, durch ein Nadelöhr zu gehen, als dass ein Reicher ins himmlische Königreich einzöge.«

Nazaräerevangelium in: *Origenes*, Matthäus-Kommentar, 15, 4

Das Gleichnis vom reichen Mann taucht auch bei Matthäus, Markus und Lukas auf. Die von Kirchenvater Origenes zitierte Version aus dem Nazaräerevangelium unterscheidet sich auf ganz besondere Weise, nämlich dadurch, dass sie auf die Armen näher eingeht. Bemerkenswert ist auch, dass sich der Reiche nach Jesu Einschätzung nicht an das jüdische Gesetz hält. Hier liegt also nicht das Gesetz selbst im Argen, sondern die Unfähigkeit dieses Reichen und gewisser Juden, dem Geist des Gesetzes zu folgen.

◆ Das Nazaräerevangelium war eine ausführlichere und ergänzende Version des Matthäusevangeliums in aramäischer oder syrischer Sprache. Über die Nazaräer ist wenig bekannt; man weiß allerdings, dass sie als jüdische Christen in Syrien lebten und im zweiten Jahrhundert ein eigenes Evangelium verfassten. Epiphanius schrieb über sie: »Sie anerkannten Moses und glaubten, dass er [durch Gott] Gesetze erhalten habe – jedoch nicht diese, sondern andere. Sie waren Juden, die nach jüdischen Vorschriften lebten, es aber ablehnten, Opfer zu bringen oder Fleisch zu essen. Sie erachteten es als ungesetzlich, Fleisch zu essen oder Fleisch als Opfer zu bringen.« (*Epiphanius*, Panarion 1, 18)

Siehe, des Herrn Mutter und seine Brüder sagten zu ihm: »Johannes der Täufer wurde der Vergebung der Sünden wegen getauft. Lasst uns hingehen und uns von ihm taufen.« Er aber antwortete jener: »Habe ich denn gesündigt, dass ich hingehen und mich von ihm taufen lassen müsste? Ist denn etwa das, was ich gesagt habe, Unwissenheit?«

Nazaräerevangelium in: *Hieronymus*, Dialog gegen Pelagius 3, 2

In den synoptischen Evangelien (Markus, Matthäus und Lukas) beginnt Jesus mit seiner durch Johannes vorgenommenen Taufe im Jordan sein geistliches Amt. Der Evangelist Johannes erwähnt, dass Johannes der Täufer, obwohl er sich für unwürdig erachtet, des Herrn Schuhriemen zu lösen, von Jesus aufgefordert wird, ihn zu taufen. In der zitierten Stelle des Nazaräerevangeliums hält Jesus eine Taufe in seinem Fall für unnötig. Anscheinend waren die Nazaräer nicht einverstanden mit der Vorstellung der Taufe Jesu durch Johannes den Täufer. Jesu Konflikt mit seiner Familie bildet den Rahmen für viele seiner in den Evangelien überlieferten Worte. Sein Bruder Jakobus tritt nach Jesu Tod als tragendes Mitglied der Jerusalemer Kirche in Erscheinung.

Er sagte: »Wenn dein Bruder mit Worten gesündigt und sich bei dir entschuldigt hat, so empfange ihn sieben Mal am Tag.«

Sein Jünger Simon fragte: »Sieben Mal am Tag?«

Der Herr antwortete und sprach: »Ja, ich sage dir, wohl auch siebzig mal sieben Mal. Denn selbst bei den Propheten waren sündige Worte gefunden, und das, obwohl sie schon den Heiligen Geist empfangen hatten.«

Nazaräerevangelium in: *Hieronymus*, Dialog gegen Pelagius 3, 2

Hieronymus zitiert diese Stelle aus dem Nazaräerevangelium in seinem Dialog gegen den Kelten Pelagius, dem er Häresie vorwarf, weil er den freien Willen leugnete. Diese Stelle lässt einen interessanten Kontrast zu dem vorausgegangenen Zitat aus dem Nazaräerevangelium erkennen, in dem es heißt, dass sich Jesus nicht taufen lassen muss, weil er nicht gesündigt hat. Jesus ist also auch in dieser Hinsicht den Propheten überlegen.

Gib uns heute das Brot für morgen.

Nazaräerevangelium in: *Hieronymus*, Matthäus-Kommentar 6, 11

Der Kirchenvater Hieronymus erklärt, dass er diesen variierenden Teil des Vaterunsers im Hebräerevangelium gefunden habe. Es spricht jedoch vieles dafür, dass er das Nazaräerevangelium meinte. Diese Stelle wird für gewöhnlich mit »tägliches Brot« übersetzt und nicht mit »Brot für morgen.«

Ich wähle das Beste für mich: Die Würdigsten sind die, die mir mein Vater im Himmel an die Seite gestellt hat.

Nazaräerevangelium in: *Eusebius*, Theophanie 4, 12

Jesus hat seine Jünger ausgewählt. Auserwählte haben nach christlicher Lehre die Aussicht auf Erlösung; sie sind schon von vornherein für das Heil bestimmt.

Ihm wurde kundgegeben: »Siehe, deine Mutter und deine Brüder stehen draußen.«

»Wer sind meine Mutter und meine Brüder?«

Er deutete mit der Hand auf seine Jünger und sagte: »Sie, die den Willen meines Vaters tun, sind mir Brüder, Mutter und Schwestern.«

Ebioniterevangelium in: *Epiphanius*, Wider die Häresie 30, 14, 5

Eine ähnliche Stelle findet sich auch im Thomasevangelium und in den kanonischen Evangelien.

◆ Die Ebioniter waren jüdische Christen. Sie sprachen wie die Mehrheit der Juden in der hellenistisch/römischen Welt griechisch. So war auch das Evangelium der Ebioniter auf Griechisch geschrieben. Sie lehnten das Dogma der Jungfrauengeburt ab und glaubten, dass Jesus mit seiner Taufe und dem Empfang des Heiligen Geistes als Gottessohn adoptiert wurde. Der Name *Ebioniter* bedeutet »die Armen«.

Ich bin gekommen, um den Opferriten ein Ende zu machen, und wenn ihr nicht davon ablasst, wird Gott euch ewig zürnen. Ebioniterevangelium in: *Epiphanius*, Wider die Häresie 30, 16, 5

Im Tempel wurden Tieropfer vorgenommen, was nach der Zerstörung des Tempels nicht mehr möglich war. Nach der hier zitierten Aussage glaubten die Ebioniter, dass Gott, weil ihm Tieropfer nicht gefielen, den Tempel zerstörte. Die Ebioniter waren Vegetarier und verabscheuten Opfer, die in den antiken Tempeln aller Religionen überaus häufig dargebracht wurden.

Als ich am See Genezareth wandelte, wählte ich Johannes und Jakobus, die Söhne des Zebedäus, sowie Simon und Andreas, Thaddäus, Simon Zelotes und Judas Ischariot zu meinen Jüngern. Dich, Matthäus, rief ich aus deinem Amtssitz als Steuereintreiber, und du folgtest mir. Ich will, dass ihr als meine zwölf Jünger Zeugnis in Israel ablegt.

Ebioniterevangelium in: *Epiphanius*, Wider die Häresie 30, 13, 2-3

Auch in den kanonischen Evangelien wird diese Geschichte erzählt, allerdings nicht in der ersten Person. Heutigen Lesern mag diese Form eher fiktional als authentisch erscheinen.

Wo sollen wir das Passah-Mahl für dich bereiten?

[Jesus sagte:] »Begehre ich etwa, an diesem Passah mit euch zu essen?«

Ebioniterevangelium in: *Epiphanius*, Wider die Häresie 30, 22, 4

Auch dieser Ausspruch wurde im Sinne der Vegetarier gedeutet, da zum Passah-Fest Lammfleisch gegessen wurde. Ein ebionitischer Jesus hätte eine solche Speise abgelehnt. Aber vielleicht wollte Jesus am Passah-Mahl nicht teilnehmen, weil seine Kreuzigung unmittelbar bevorstand.

Johannes (der Täufer) fiel vor ihm nieder und sagte: »Ich bitte dich, Herr, taufe du mich.«

Er blieb stehen und erwiderte: »Lass es zu, denn es geschieht recht, dass alles erfüllt werde.«

Ebioniterevangelium in: *Epiphanius*, Wider die Häresie 30, 13, 8

Den Ebioniter war daran gelegen, die Bedeutung des Täufers Johannes zu mindern. Für sie war die Taufe Jesu Adoption durch Gott und Johannes lediglich ein Mittel zu diesem Zweck.

Wer sucht, wird nicht aufhören zu suchen, bis er findet, und wenn er das Gesuchte gefunden hat, wird er verwundert sein, und wenn er verwundert ist, wird er herrschen, und sobald er herrscht, wird er Ruhe finden.

Hebräerevangelium in: *Clemens von Alexandria*, Stromateis 5, 14, 96

Auch dieses Jesuswort ist in außerkanonischen Evangelien weit verbreitet. Andere Versionen oder Elemente finden sich im Thomasevangelium, im Thomasbuch, in der Pistis Sophia und den Thomasakten.

- Das Hebräerevangelium wurde auf Griechisch geschrieben, wahrscheinlich in Ägypten, wo eine große jüdische Gemeinde lebte. Die vom Hebräerevangelium erhaltenen Zitate haben viel mit dem Spruchmaterial des Thomasevangeliums und der synoptischen Evangelien gemein. Bezeichnenderweise ist in ihnen kaum von jüdischen Gesetzen die Rede.

Dann zog mich der Heilige Geist, meine Mutter, bei einem einzigen Haar meines Schopfes auf den großen Berg Tabor.

Hebräerevangelium in: *Origenes*, Johannes-Kommentar 2, 12

Auf Hebräisch und Aramäisch ist das Wort Geist feminin; die Familieneinheit aus Vater, Mutter und Kind wird als Dreieinigkeit verstanden. Der Berg Tabor befindet sich in Galiläa. In den apokryphen Ergänzungen zu Daniel wird der Prophet Habakuk von einem Engel beim Schopf aus der Löwengrube herausgezogen. »Bei einem einzigen Haar« ist vielleicht als Metapher auf das Wesen der Einheit zu verstehen.

Niemals sei froh, außer du betrachtest deinen Bruder mit liebendem Blick.

Hebräerevangelium in: *Hieronymus*, Epheser-Kommentar 3, 5

Dies ist sicherlich ein ebenso authentisches Jesuswort wie alle anderen, im oder außerhalb des Neuen Testaments. Christen aller Glaubensrichtung dürften sich glücklich schätzen, es als Ergänzung in ihren Kanon aufgenommen zu wissen.

Und als der Herr dem Priesterdiener das Leinentuch gegeben hatte, ging er hin und erschien dem Jakobus. Jakobus nämlich hatte gelobt, kein Brot zu essen, ehe er nicht den Herrn von den Schlafenden auferstehen sähe. Wenig später sagte der Herr: »Bring einen Tisch und Brot.«

Er nahm das Brot, segnete und brach es, gab Jakobus dem

Gerechten davon und sagte: »Bruder, iss dein Brot, denn der Menschensohn ist auferstanden unter denen, die schlafen.«

Hebräerevangelium in: *Hieronymus*, Über erhabene Menschen, 2

Der Jesus-Bruder Jakobus ist eine bedeutende Gestalt der frühen Christenheit, spielt aber in den kanonischen Evangelien kaum eine Rolle. Sein Gelübde, erst dann wieder zu essen, wenn Jesus auferstanden ist, reflektiert vielleicht das asketische Fasten.

Das Gute bleibt nicht aus, und gesegnet ist, durch den es kommt. Ebenso unausbleiblich ist das Böse, doch wehe denen, durch die es ins Werk gesetzt wird.

Pseudo-Clemens, Homilien 12, 29

Diese ausgewogene Sicht der Dinge anerkennt, dass in der Welt beides geschieht, Gutes wie Böses, weist aber gleichzeitig darauf hin, dass wir das eine oder andere verantwortlich wählen.

◆ Die so genannten Pseudoklementinen wurden unter dem Namen des römischen Bischofs Clemens verfasst, stammen aber aus dem vierten Jahrhundert und sind jüdisch-christlichen Ursprungs. Die Homilien sind auf Griechisch, die Rekognitionen auf Latein geschrieben und gehen möglicherweise auf eine etwas frühere Quelle zurück. Die Pseudoklementinen schildern die Abenteuer des Clemens und seine Begegnung mit dem Apostel Petrus.

Gebt dem Bösen keine Gelegenheit.

Pseudo-Clemens, Homilien 19, 2, 4

Jüdisch-christliche Schriften erwähnen häufig das Böse, nicht aber den Teufel oder Satan.

Mein Mysterium ist für mich und die Söhne meines Hauses.

Pseudo-Clemens, Homilien 19, 20

Ohne Kontext ist diese Aussage wenig sinnvoll, denn wir wissen nicht, wer mit den Söhnen des Hauses Jesu gemeint ist. Sind es Christen oder im Besonderen jüdische Christen? Wahrscheinlich ist nicht von der direkten Familie die Rede, weil zur Familie Jesu alle diejenigen gehören, »die dem Willen meines Vaters entsprechen«. Wie auch immer dieser Satz zu deuten ist, so scheint er doch eine gewisse Exklusivität zu implizieren.

Ich bin die Tür des Lebens; wer durch mich eingeht, betritt das Leben.

Pseudo-Clemens, Homilien 3, 52

Bei Johannes heißt es: »Ich bin die Tür; wenn jemand durch mich geht, wird er selig werden und ein- und ausgehen und eine Weide finden« (Johannes 10, 9). Diese außerkanonische Version ist expliziter. Durch Jesus ist es uns möglich, ins Leben zu gehen.

Ich bin der, den Mose prophezeite mit den Worten: »Einen Propheten wie mich wird der Herr, dein Gott, dir erwecken aus dir und aus deinen Brüdern. Dem sollt ihr gehorchen; wer nicht auf ihn hört, wird sterben.«

Pseudo-Clemens, Homilien 3, 53

In 5. Moses 18, 17-18 steht: »Und der Herr sprach zu mir: ›Sie haben recht gesprochen. Ich werde ihnen aus ihren Brüdern einen Propheten erwecken, wie du einer bist, und meine Worte in seinen Mund geben; er soll ihnen alles sagen, was ich ihm befehlen werde.‹«

Zunächst wird es unumgänglich sein, dass ein falsches Evangelium durch einen Betrüger in die Welt kommt; dann aber, wenn die heilige Stätte zerstört ist, wird sich das wahre Evangelium heimlich verbreiten, um künftige Ketzereien zu korrigieren.

Pseudo-Clemens, Homilien 12, 29

Der Betrüger ist in diesem Kontext der Apostel Paulus, gegen den sich ein Großteil der Pseudoklementinen richtet. Es handelt sich hierbei offensichtlich um eine nachträgliche Prophezeiung, die eine besondere jüdisch-christliche Sichtweise der Entwicklung des Christentums zum Ausdruck bringt und Paulus dafür verantwortlich macht, dass er die Christenheit vom Judentum trennte.

Das Böse ist der Versucher.

Pseudo-Clemens, Homilien 3, 55

»Denn sie [die Götzen] wurden mit Hurenlohn zusammengekauft und Hurenlohn sollen sie wieder werden« (Micha 1, 7); es kam aus dem Schmutz und wird in den Schmutz zurückkehren.

Babylonischer Talmud, Aboda Zara 17

Rabbi Eliezer, ein bedeutender Geistlicher des zweiten Jahrhunderts, wurde wegen Ketzerei angeklagt, weil er diese Stelle zitierte, auf die ihn ein Christ aufmerksam gemacht hatte. Dieser hatte ihm gesagt, dass mit diesem Wort Auskunft gegeben werde auf die Frage, ob der Lohn einer Prostituierten für die Anschaffung eines Abortes für einen Hohenpriester ausgegeben werden dürfe. Vermutlich war dieser Hinweis satirisch gemeint.

Ich bin nicht gekommen, um Moses' Tora zu entwenden, sondern um sie zu ergänzen.

Babylonischer Talmud, Schabath 116

Hintergrund dieses Wortes ist ein Dialog zwischen Rabban Gamaliel und einem christlichen Philosophen, der als weise und gerecht geachtet wurde. Der Christ wird dazu verleitet, dieses Wort zu zitieren, und trifft eine Entscheidung, die der Tora widerspricht. Ob dieses Zitat aus einem antiken Evangelium stammt oder zu dieser Geschichte hinzuerfunden wurde, sei dahingestellt; die Geschichte ist jedenfalls ein Beleg für die alte Konkurrenz zwischen Juden und Christen.

Trachtet nach ihrem Wohl, nicht nach ihrem Schaden. Sie zu verletzen ist, als verletzte man seinen eigenen Augapfel.

Babylonischer Talmud, Gittin 57

In diesem Text wird Jesus von dem Geisterbeschwörer Onkelos, dem Sohn Kalonymos' und einem Neffen von Kaiser Titus, von den Toten erweckt. Es ist dies der Teil einer berühmt-berüchtigten Stelle im Talmud, die davon berichtet, dass Jesus bestraft wird, indem man ihn in Exkrementen siedet (in der Hebräerbibel wird Balaam, der, wie manche vermuten, eine Chiffre für Jesus ist, in Sperma gesotten) – eine recht geschmacklose Vorstellung, die aber auch nicht schlimmer ist als der Canto 28 in Dantes Inferno, der Mohamed in der Hölle der Schismatiker sieht, vom Kinn bis zur Leiste aufgeschlitzt und mit heraushängenden Gedärmen. Solche Textstellen kennzeichnen den Tiefpunkt in der Beziehung zwischen unterschiedlichen Religionen. Gleichwohl ist das hier zitierte Jesuswort durchaus anrührend, denn der Sprecher fühlt sich offenbar verantwortlich für die von Christen an den Juden verübten Untaten.

Führt keinen Krieg. Toledot Jeschu

Jesus spricht diese Worte, um seine Jünger, »die Männer aus dem oberen Galiläa«, davon abzuhalten, jene Männer anzugreifen, die ihn gefangen nehmen.

◆ Die Toledot Jeschu ist eine mittelalterliche jüdische Erzählung über Jesus, satirisch im Ton, aber trotzdem im traditionellen Stil rabbinischer Geschichten gehalten. Jesus wird als Zauberer dargestellt, der verbotenerweise den Namen Gottes herausfindet.

Von mir wird gesagt: »Ich werde gen Himmel fahren.«

Toledot Jeschu

Wiederum in satirischer Absicht wird beschrieben, wie Jesus, einem Adler gleich, die Arme ausbreitet und sich, getragen von der Zauberkraft, die ihm durch den Gebrauch des unaussprechlichen Namen Gottes verliehen wurde, in die Lüfte erhebt.

Gnostische Logien

Einführung in die gnostischen Logien

Die Ursprünge des Gnostizismus liegen im Dunkeln. Allein schon der Begriff führte häufig zu Irritationen. Das griechische Substantiv *gnosis* bedeutet »Wissen«, jedoch weniger im intellektuellen Sinne als vielmehr im Sinn von Einsicht oder Weisheit. Gnostizismus ist für viele ein spezifisch christliches Phänomen; andere sehen seine Wurzeln in jüdischen Traditionen, und wiederum andere vertreten die Ansicht, dass er sich aus einer vorchristlichen heidnischen Form entwickelte. Etliche Wissenschaftler plädieren dafür, den Gnostizismus als durchweg eigenständige Religion zu betrachten. Es gab eine Vielzahl gnostischer Gruppen und Sekten, von denen sich nur wenige selbst als gnostisch bezeichneten. Der Begriff als solcher wurde allgemein bekannt, als die wichtigsten Quellen des Gnostizismus von Kirchenvätern wie Epiphanius und Hippolytus dazu verwendet wurden, die Verfolgung von Häretikern zu legitimieren. Die Bezeichnung Gnostiker wird von uns heute zwar längst nicht mehr abwertend verstanden, hat aber immer noch einen negativen Beiklang. Doch trotz der problematischen Definition ist uns mehr oder weniger bewusst, was gemeint ist.

Die Entdeckung der Codizes bei Nag Hammadi im Jahre 1945 sowie die Übersetzungen und Veröffentlichungen dieser

Texte haben unser Verständnis vom Gnostizismus erweitert. Wir müssen uns nun nicht mehr auf sarkastische und einseitige Berichte der Kirchenväter verlassen, sondern können die Schriften selbst studieren.

Vom Thomasevangelium abgesehen, sind jene Nag-Hammadi-Texte, in denen die meisten Jesusworte vorkommen, dialogische Evangelien. Der Dialog des Erlösers, das Apokryphon des Jakobus, das Thomasbuch und das Evangelium nach Maria (Letzteres ist nicht Teil der Nag-Hammadi-Bibliothek) enthalten allesamt ausführliche Dialoge zwischen den Jüngern und Jesus (der oft als »der Erlöser« oder »der Herr« bezeichnet wird). Wahrscheinlich zirkulierten viele dieser Logien unabhängig als Jesusworte, ehe sie in Dialogform niedergeschrieben wurden. Es könnte auch sein, dass manche der später den Jüngern in den Mund gelegten Worte schon vorher als Jesusworte bekannt waren.

Viele Sprüche, die in den Nag-Hammadi-Texten Jesus zugeschrieben werden, klingen recht extravagant und untypisch für Jesus; andere dagegen haben sehr viel gemein mit der allgemeinen Überlieferung von Jesusworten. In der Antike basierten neue Schriften häufig auf älteren Texten, zumal jede Kopie eines Textes von Hand geschrieben wurde. Quellenforscher wie Helmut Köster haben die Vermutung geäußert, dass Texten wie dem Dialog des Erlösers ältere schriftliche Überlieferungen zu Grunde liegen. Köster glaubt, dass im Dialog des Erlösers eine Reihe von Quellen aus dem ersten Jahrhundert enthalten sind. Weil in den gnostischen Schriften die Anzahl der Jesus zugeschriebenen Worte enorm groß ist, habe ich mich bei der Auswahl auf Material beschränkt, das für sich steht. Zwar habe ich alle Jesusworte aus dem Philippusevangelium übernommen, aber beileibe nicht alle aus anderen Quellen. Der Leser sei eingeladen, den Dialog des Erlösers, das Apokryphon des Jakobus, das Thomasbuch und das Evangelium nach Maria in Gänze zur Kenntnis zu nehmen.

Gnostiker waren an dem historischen oder pseudohistorischen Jesus kaum interessiert. Ihre Texte erzählen großartige und ausschweifende kosmologische und psychologischen Mythen, in denen Jesus oder ein Analogon zu Jesus häufig eine wichtige spirituelle Rolle spielt. Viele dieser Texte vertreten einen doketistischen Standpunkt. Der Begriff Doketismus leitet sich aus dem griechischen Verb *dokeo* – »scheinen« – ab und bezeichnet eine Lehre, wonach Jesus als spirituelles Wesen auf Erden nur scheinbar einen physischen Körper angenommen habe.

Gnostische Logien

Dieses Reich ist nach dem unvergänglichen Reich gebildet.

Apokryphon des Johannes 1, 27

Der hermetische Text der Smaragd-Tafeln des Hermes Trismegistus drückt dieselbe Wahrheit aus: »Was oben ist, ist wie das, was hier unten ist.«

Rettet euch und eure Seelen.

Clemens, Exzerpte von Theodotus 2, 2

Identität und Seele sind eins.

Bindet den Leib und nehmt seinen Besitz wie den eines starken Mannes, der Krieg führt gegen die himmlische Seele.

Clemens, Exzerpte von Theodotus 52, 1

Im Thomasevangelium (Logion 35) sagt Jesus: »Es ist unmöglich, dass jemand in das Haus des Starken eindringt, es sei denn, er binde dessen Hände. Dann wird er ihn aus seinem Haus vertreiben können.«

Verlasst das Haus meines Vaters.

Clemens, Exzerpte von Theodotus 9, 2

Im Kontext der Theodotus-Exzerpte bezieht sich dieser Ausspruch auf diejenigen, die sich vom Antichristen täuschen lassen.

Schon ist die Zeit gekommen, Brüder, da wir unsere Mühe hinter uns lassen und in Ruhe stehen. Denn wer in der Ruhe steht, wird ruhen für immer. Dialog des Erlösers 1

»Ruhe« ist ein im Gnostizismus und frühen Christentum häufig verwendeter Begriff. Nach der Schöpfungsgeschichte arbeitete Gott sechs Tage und ruhte dann für einen Tag. Der Zustand der Ruhe wird hier in Verbindung mit der Ewigkeit gebracht, die ewige Ruhe verspricht.

• *Der Dialog des Erlösers* besteht hauptsächlich aus Gesprächen zwischen Jesus und Matthäus, Judas (nicht Ischariot, sondern wahrscheinlich Judas Thomas, der Autor des Thomasevangeliums) und Maria. Die Abfolge scheint durcheinandergeraten sein, und es lässt sich mit einiger Sicherheit annehmen, dass diese Version auf einer früheren beruht oder auf unterschiedlichen Quellen. Das Original war auf Griechisch verfasst, doch liegt uns nur eine koptische Übersetzung aus dem Nag-Hammadi-Codex III vor.

Aber als ich kam, öffnete ich den Weg und belehrte sie, die Erwählten und Vereinzelten, über den Durchgang, den sie durchschreiten werden. Dialog des Erlösers 1

Als Erlöser hat Jesus den Weg zum Vater freigemacht.

Denn die Wahrheit sucht, was weise und gerecht ist.

Dialog des Erlösers 7

Diese Aussage könnte auch gut in jede Spruchsammlung zum Thema Weisheit passen. Die Bedeutung der allegorischen Gestalt Sophia (Weisheit) in gnostischen Schriften zeugt vom Einfluss jüdischer Weisheitstraditionen auf den Gnostizismus.

Die Lampe des Körpers ist der Verstand. Wenn die Dinge in euch geordnet sind, erstrahlen eure Körper in hellem Licht.

Dialog des Erlösers 8

Dieses Jesuswort erscheint in vielen Versionen. Es ist der Verstand, der den Körper strahlen lässt. Hier aber wird darauf aufmerksam gemacht, dass die Voraussetzung dafür ein geordneter Verstand ist.

Seine Jünger sagten: »Herr, wer ist es, der sucht und offenbart?«

Der Herr antwortete: »Der, der sucht, offenbart auch.«

Dialog des Erlösers 9-10

Das Suchen und Finden, das Verborgene und Offenbarte, sind ebenfalls immer wiederkehrende Themen in gnostischen Texten wie auch in den kanonischen Evangelien. In diesem und dem folgenden Jesuswort ist der Suchende oder Sehende gleichzeitig der, der offenbart, der Sprechende der, der zuhört. Vielleicht kommt in dieser Gleichsetzung eine im Vergleich zum frühen Christentum weniger hierarchische Anschauung zum Ausdruck, eine religiöse Kultur, in der von allen erwartet wird, dass sie sowohl lernen als auch lehren.

Matthäus fragte: »Herr, wenn ich höre [...] und wenn ich spreche, wer ist es, der spricht, und wer, der hört?«

Der Herr antwortete: »Der, der spricht, hört auch, und wer sucht, ist auch der, der offenbart.«

Dialog des Erlösers 11-12

»Herr, erkläre uns, was war, bevor der Himmel und die Erde geschaffen wurden.« Der Herr antwortete: »Da waren Dunkelheit und Wasser und Geist über dem Wasser. Und ich sage euch, das, wonach ihr sucht und fragt, seht, es ist in euch.«

Dialog des Erlösers 15

Der zweite Teil der Antwort Jesu mutet an wie ein Gedankensprung. Vielleicht sind auch Dunkelheit und Wasser in uns so wie der Geist.

[...] sagte: »Herr, sage uns, wo hat die Seele ihren Sitz und wo wohnt der wahre Verstand?«

Der Herr antwortete: »Das Feuer des Geistes entstand in [...] beidem. Darum kam die [Seele] ins Sein und der wahre Verstand in ihnen. Wer seine Seele aufrichtet, wird erhöht werden. Ich sage euch, wer Kraft hat, sollte darauf verzichten und Buße tun. Und lasst den, der [es nicht tut] suchen und finden und sich erfreuen.« Dialog des Erlösers 17

In der Antike wurde zwischen Seele und Geist unterschieden. Die Seele wurde als etwas verstanden, das zur eigenen Person gehört und aus den meisten Menschen hinaus- beziehungsweise herabblickt auf die Dinge der Welt. Der Geist hingegen galt als eine über den Menschen schwebende Instanz, zu der nur wenige Kontakt finden. Vermittlerin zwischen den irdischen Dingen und dem Geist ist nach diesem Verständnis die Seele.

Maria fragte ihre Brüder: »Wo legt ihr die Dinge ab, die ihr vom Sohne Adams erbittet?«

Der Herr antwortete ihr: »Schwester, diese Dinge kann nur der erbitten, der einen Platz dafür in seinem Herzen hat und dem es gegeben ist, aus dieser Welt herauszutreten und [den Ort des Lebens] aufzusuchen, um nicht länger an diese verarmte Welt gebunden zu sein.« Dialog des Erlösers 25

Als fundamental wird erachtet, dass man eine eigene Anschauung der Dinge besitzt – einen Platz für sie im

Herzen – und dass man bereit ist, dieser Anschauung zu folgen – aus dieser Welt herauszutreten und den Ort des Lebens aufzusuchen.

Matthäus sagte: »Herr, gern sähe ich den Ort des Lebens, an dem es nichts Böses gibt, stattdessen aber reines Licht.«

Der Herr erwiderte: »Bruder Matthäus, du kannst ihn nicht sehen, solange du Fleisch mit dir trägst.«

Matthäus sagte: »Herr, auch wenn ich ihn nicht sehen kann, so lass mich darum wissen.«

Der Herr antwortete: »Wer sich selbst erkannt hat, sieht [diesen Ort] in allem, was ihm zu tun aufgetragen ist […], und [entspricht] ihm in seiner Güte.« Dialog des Erlösers 27

Gnostische Schriften – aber nicht nur diese – muten häufig recht körperfeindlich an. Epiktet, der Philosoph des späten ersten Jahrhunderts, sagte: »Du bist eine kleine Seele, die einen Leichnam mit sich herumträgt.«

Wer [die Dinge] der Vollkommenheit nicht kennt, weiß nichts. Wenn jemand nicht in der Dunkelheit steht, wird er das Licht nicht sehen können. Dialog des Erlösers 34

Das Licht wahrnehmen zu können setzt die Erkenntnis voraus, dass man gemeinhin von Dunkelheit umgeben ist.

Judas sagte: »Siehe, über uns sind die Archonten, sie also werden über uns herrschen.«

Der Herr erwiderte: »Ihr werdet über sie herrschen. Aber wenn ihr eurer Eifersucht entsagt, werdet ihr euch in Licht kleiden und die Brautkammer betreten.«

Dialog des Erlösers 49-50

Die »Archonten« oder Herrscher nehmen in der gnostischen Literatur einen beträchtlichen Raum ein. Sie werden als dämonische Kräfte dargestellt, die danach trachten, die Menschen in dieser Welt gefangen zu halten.

Judas sagte: »Wie werden wir gekleidet werden?«

Der Herr sprach: »Manche werden euch Kleider geben, andere werden sie [von euch] entgegennehmen. Denn diese sind's, die euch eure Kleider bringen werden. Wer nämlich könnte die Stelle erreichen, die der Lohn ist? Die Kleider des Lebens sind dem Menschen gegeben, seit er den Weg kennt, auf dem er dahingeht. Selbst für mich ist es schwierig, dorthin zu gelangen.«

Dialog des Erlösers 51-52

In der Bildsprache der Gnostiker und des Neuen Testaments kleiden sich die Menschen mit unterschiedlichen Gewändern, die jeweils andere spirituelle Zustände ausdrücken. Die Kleider des Lebens sind etwas, das Judas noch nicht besitzt.

Maria sagte: »Also ist ›das Übel eines jeden Tages ausreichend‹, und ›der Arbeiter seiner Speise würdig‹ und ›der Jünger seinem Herren ähnlich.‹« Dialog des Erlösers 53

Dies ist ein treffliches Beispiel für mündliche Überlieferung. Maria zitiert Jesus. Im Text heißt es über Maria weiter: »Sie sagte dies als eine Frau, die alles verstanden hatte.«

Im Dialog des Erlösers sowie im Evangelium nach Maria nimmt Maria unter den Jüngern eine Sonderstellung ein.

Matthäus sagte: »Sag mir, Herr, wie die Toten sterben und die Lebenden leben.«

Der Herr sprach: »Du fragst nach einer Auskunft, die kein Auge gesehen hat; nicht einmal ich habe davon gehört außer von dir. Trotzdem will ich dir sagen, dass man einen Menschen als tot bezeichnet, wenn ihm das, was ihn belebt, entzogen ist. Und wenn das, was lebt, dasjenige, was tot ist, verlässt, wird es nicht mehr als lebendig bezeichnet werden.«

Dialog des Erlösers 56-59

Es wäre wohl allzu platt, darauf hinzuweisen, dass ein Mensch tot ist, wenn ihn das Belebende verlässt. Darum ist zu vermuten, dass mit »was lebt« der lebendige Geist gemeint ist.

Der Herr sagte: »Jegliches, das aus der Wahrheit geboren ist, stirbt nie. Was aus dem Weib geboren ist, stirbt.«

Dialog des Erlösers 59

In Schriften wie denjenigen des Philo von Alexandria oder Clemens von Alexandria wird »der Frau« häufig eine metaphorische Bedeutung beigemessen. Im Thomasevangelium (Logion 46) heißt es, dass Johannes der Täufer als Kind einer Frau nicht teilhat am Königreich des Vaters. »Aus dem Weibe geboren« bezieht sich auf den rein biologischen Aspekt der Existenz, auf ein irdisches Leben vor aller spirituellen Entwicklung. Wie gesehen, spielt die weibliche Gestalt Marias eine besonders wichtige Rolle im Dialog des Erlösers.

Maria sagte: »Herr, sage mir, warum bin ich an diesen Ort gekommen – um zu gewinnen oder um zu verlieren?«

Der Herr antwortete: »Du bist gekommen, um die Größe des Offenbarers zu offenbaren.« Dialog des Erlösers 60-61

Jesus greift Marias Frage auf, gibt ihr aber mit seiner Antwort eine unerwartete Wendung. Das Entscheidende ist nicht ihr persönlicher Gewinn oder Verlust, sondern die Möglichkeit, den Offenbarer in seiner Größe zu erkennen.

Maria sagte zu ihm: »Herr, gibt es einen Ort, [...] dem es an Wahrheit mangelt?«

Der Herr antwortete: »Es ist dies ein Ort, an dem ich nicht bin.« Dialog des Erlösers 62-63

Matthäus fragte: »Wann können wir ausruhen?«

Der Herr antwortete: »Sobald ihr eure Lasten ablegt.«

Matthäus sagte: »Wie verbindet sich das Kleine mit dem Großen?«

Jesus sagte: »Wenn ihr ablasst von den Dingen, die euch nicht folgen können, werdet ihr Ruhe finden.«

Dialog des Erlösers 65-68

»Ruhe« ist, wie schon gesagt, das Ziel der Gnosis. Die Dinge, die uns nicht folgen können, unsere Lasten, sind wahrscheinlich unsere weltlichen Bezüge und Anhänge.

Maria sagte: »Ich will alles verstehen, gerade so, wie es ist.«

Der Herr erwiderte: »Darin liegt der Reichtum derjenigen, die das Leben suchen. Denn der [...] dieser Welt ist [falsch], und ihr Gold und Silber täuschen.«

Dialog des Erlösers 69-70

Diese Antwort scheint an der Frage vorbeizugehen; vielleicht wird sie als zweitrangig erachtet. Möglich auch, dass dieses Jesuswort einer früheren Quellen entnommen wurde oder unabhängig vom Kontext dieses Dialogs kursierte.

Seine Jünger fragten ihn: »Was müssen wir tun, damit unsere Werke vollkommen sein werden?«

Der Herr antwortete ihnen: »Seid auf jegliches vorbereitet. Gesegnet ist der, der gefunden hat [...] den Wettstreit [...] seine Augen. Denn er ging siegreich hervor, ohne getötet zu haben noch getötet zu werden.« Dialog des Erlösers 71-72

Judas sagte: »Herr, erkläre mir, was der Anfang des Weges ist?«

Er antwortete: »Liebe und Güte. Denn wäre den Archonten eines dieser beiden eigen gewesen, hätte das Böse nie Fuß gefasst.« Dialog des Erlösers 73-74

Matthäus sagte: »Herr, du sprachst vom Ende aller Dinge, ohne dich zu sorgen.«

Der Herr erwiderte: »Ihr habt alles verstanden, was ich euch gesagt habe, und es im Glauben angenommen. Wenn ihr diese Dinge begriffen habt, sind sie die eurigen. Wenn nicht, gehören sie euch nicht.« Dialog des Erlösers 75-76

Nicht die Annahme im guten Glauben, sondern das wahre Verständnis von den Dingen ist Aufgabe der Gnosis. Das Wissen um sie ist nach diesem Verständnis das innere, nicht das intellektuelle Wissen.

Sie fragten ihn: »An welchen Ort gehen wir?«

Der Herr antwortete: »An den Ort, den ihr erreichen könnt. Dort bleibt.« Dialog des Erlösers 77-78

Unser Ziel sollte, wie es scheint, der nächst mögliche Schritt sein, der in unserer Reichweite liegende Ort, also nicht der Versuch, möglichst schnell die Ebene Jesu zu erreichen.

Judas sagte zu Matthäus: »Wir wollen verstehen, welcher Art das Gewand ist, das uns angelegt wird, wenn wir das Fleisch in seiner Verderbnis verlassen.«

Der Herr antwortete: »Den Archonten und Herrschern wurden Kleider gegeben, die nur von kurzer Dauer sind. Als Kinder der Wahrheit aber solltet ihr euch nicht in solche Kleider hüllen. Ich sage euch, ihr werdet gesegnet sein, wenn ihr euch auszieht ...« Dialog des Erlösers 84-85

Im Philippusevangelium (21a) heißt es: »Manche fürchten, dass sie nackt auferstehen. Deswegen wollen sie im Fleisch auferstehen. Sie wissen nicht, dass gerade diejenigen, die das Fleisch tragen, die Nackten sind. Jene aber, die Licht geworden sind und ihre Kleider von sich aus ablegen, werden nicht von anderen entkleidet.«

Nach dem Wort aus dem Dialog des Erlösers ist es notwendig, nackt zu sein, das heißt, nicht die vergänglichen Kleider der Archonten und Herrscher zu tragen.

Maria fragte: »Welcher Art ist das Senfkorn? Ist es von himmlischer oder von irdischer Natur?«

Der Herr antwortete: »Als der Vater diese Welt für sich einrichtete, überließ er vieles der Mutter aller Dinge. Darum spricht und handelt er.« Dialog des Erlösers 88-89

Die Frage bezieht sich auf das Gleichnis vom Senfkorn (Markus 4, 31-32), das eine Pflanze hervorbringt, die so hoch ist, »dass die Vögel unter dem Himmel unter ihrem Schatten wohnen können«. Jesus geht allerdings auf Marias Frage überhaupt nicht ein; sein Wort mutet daher an wie ein Zen-Koan. Die »Mutter aller Dinge« könnte der Heilige Geist sein oder, falls die Antwort doch mit der Frage zusammenhängt, alles Irdische.

Judas fragte: »Du hast uns dieses im Geist der Wahrheit gesagt. Wenn wir beten, wie sollen wir beten?«

Der Herr antwortete: »Betet an dem Ort, wo keine Frau ist.«

Dialog des Erlösers 90-91

Im weiteren Verlauf des Dialogs bezieht Matthäus Stellung zu diesem Wort. Er sagt: »Wenn er sagt, ›Betet an dem Ort, wo keine Frau ist‹, will er uns damit bedeuten: ›Zerstört die Werke des Weiblichen‹, nicht, weil es eine andere Art von Geburt gäbe, sondern weil die Weiber nicht länger gebären werden.«

Judas fragte: »Wie zeigt sich der Geist?«

Der Herr antwortete: »Wie zeigt sich das Schwert?«

Dialog des Erlösers 99-100

Im Brief des Paulus an die Epheser (6, 17) heißt es: »Und nehmet den Helm des Heils und das Schwert des Geistes, das ist das Wort Gottes.«

Wahrlich, ich sage euch: Auf meine Anordnung allein wird niemand in das Himmelreich eingehen; das tut nur, wer erfüllt davon ist. Apokryphon des Jakobus 2, 6

Den Zustand des Erfülltseins im Unterschied zur Leere der gewöhnlichen Existenz bezeichnet die gnostische Terminologie als Pleroma.

◆ Das Apokryphon des Jakobus ist Teil des Nag-Hammadi-Codex I. Ein Apokryphon ist ein geheimes Buch. Der Rest des Werkes besteht aus einem vermeintlichen Brief von Jakobus, dem Bruder Jesu. Er enthält umfangreiches Material, darunter mehrere einfache Gleichnisse.

Der Erlöser sagte: »Wollt ihr denn nicht erfüllt sein? Aber euer Herz ist trunken! Wollt ihr denn nicht nüchtern werden? Schämt euch! Von nun an werdet ihr euch, ob ihr wach seid oder schlaft, daran erinnern, dass ihr den Menschensohn gesehen, mit ihm gesprochen und auf ihn gehört habt. Wehe denen, die den Menschensohn gesehen haben! Gesegnet werden die sein, die den Menschen nicht gesehen, nicht mit ihm verkehrt noch mit ihm gesprochen oder auf ihn gehört haben; euer ist das Leben. Denkt daran, dass er euch geheilt hat, als ihr krank wart, damit ihr zur Herrschaft gelangt. Wehe denen, die krank waren und Linderung erfuhren, denn sie werden wieder erkranken. Gesegnet sind die, die nicht krank waren und Linderung erfuhren, bevor sie krank wurden. Ihrer ist das Königreich Gottes.

Darum sage ich euch: ›Werdet erfüllt und lasst keinen Winkel in euch leer, denn sonst wird der, der kommt, über euch lachen.‹« Apokryphon des Jakobus 3, 3-11

Leere ist Trunkenheit, Erfülltsein bedeutet, nüchtern zu sein. Die Textstelle zählt noch weitere Gegensatzpaare – Dichotomien – auf: wach und schlafend, krank und gesund.

Darauf sagte Petrus: »Siehe, du hast uns dreimal geraten ›Werdet erfüllt‹. Aber das sind wir bereits.«

Der Erlöser erwiderte und sprach: »Ich sagte euch, ›Werdet erfüllt‹, damit euch kein Mangel anhaften wird. Diejenigen, denen ein Mangel anhaftet, werden nicht gerettet werden. Denn es ist gut, erfüllt zu sein, schlecht hingegen, Mangel zu haben. Also wäre es besser, dass es euch mangele, und schlecht, wenn ihr erfüllt wäret, denn dem, der erfüllt ist, mangelt es, und dieser wird nicht so erfüllt sein wie der erfüllt sein wird, dem es mangelt und der zur Vollkommenheit findet. Darum sollte es euch mangeln, solange es euch möglich ist, erfüllt zu werden, und erfüllt solltet ihr sein, solange euch Ermangelung möglich ist, auf dass ihr in höherem Maße erfüllt sein möget. Lasst euch also vom Geist erfüllen, an Verstand aber lasst es mangeln, denn der Verstand gehört der Seele an und ist Teil von ihr.«

Apokryphon des Jakobus 3, 13-18

Der letzte Satz löst die scheinbare Widersprüchlichkeit dieser verwickelten Anweisungen auf. Die Seele wird hier gleichgesetzt mit dem menschlichen Verstand; der Geist hingegen ist göttlich. In diesem Sinne sollte es am Seelischen mangeln; vom Geistigen aber sollte man erfüllt sein.

Ich aber antwortete und sagte zu ihm: »Herr, wir können dir gehorchen, wenn du willst, denn wir haben unsere Väter, unsere Mütter und unsere Dörfer verlassen und sind dir gefolgt. Bewahre uns deshalb von den Versuchungen des Teufels, des Bösen.«

Der Herr antwortete und sprach: »Was hilft es euch, den Willen des Vaters zu tun, wenn er euch nicht zum Geschenk gemacht hätte, euch vor den Versuchungen Satans zu schützen? Solltet ihr aber, obwohl ihr den Willen des Vaters tut, vom Satan bedrängt und verfolgt werden, so sage ich euch: Der Vater wird euch lieben; er wird euch mir gleich machen und danach beurteilen, dass ihr durch seine Vorsehung nach eurem freien Willen geliebt werdet.«

Apokryphon des Jakobus 4, 1-4

Jesus macht hier deutlich, dass es gerade dann darauf ankommt, den Willen des Vaters zu tun, wenn man vom Satan versucht ist, weil das zu besseren Ergebnissen führt als zu anderen Zeiten.

Wollt ihr also nicht von der Liebe zum Fleisch und von der Angst vor dem Leid ablassen? Ist euch nicht bewusst, dass ihr noch nicht misshandelt oder zu Unrecht angeklagt seid noch eingekerkert oder wider alles Gesetz verurteilt noch grundlos gekreuzigt und begraben, wie es mir widerfuhr durch das Böse? Glaubt ihr, das Fleisch schonen zu können, ihr, die euch der Geist wie eine Mauer umschließt? Wenn ihr darüber nachdenkt, wie lange die Welt vor euch existierte und wie lange sie nach euch existieren wird, werdet ihr erkennen, dass euer Leben [wie] ein einziger Tag ist und eure Leiden kaum eine Stunde währen. Da die Guten die Welt nicht erreichen, solltet ihr den Tod gering schätzen und das Leben bedenken. Erinnert euch an mein Kreuz und an meinen Tod, und ihr werdet das Leben haben.«

Apokryphon des Jakobus 4, 5-11

Da Jesus zum diesem Zeitpunkt den Kreuzestod bereits erlitten hat, kann er diese Rede erst nach seiner Wiederauferstehung gehalten haben. Er zählt hier seine Leiden in einer Weise auf, die an Paulus' auftrumpfende Art im zweiten Korintherbrief, Kapitel 11 erinnert: »Von den Juden habe ich fünfmal vierzig Peitschenhiebe weniger eins empfangen; ich bin dreimal geprügelt, einmal gesteinigt worden; dreimal habe ich Schiffbruch erlitten, einen Tag und eine Nacht trieb ich auf dem Meer; ich bin oft gereist, ich bin in Gefahr gewesen durch Flüsse, in Gefahr durch Räuber, in Gefahr unter den Juden, in Gefahr unter den Heiden, in Gefahr in den Städten, in Gefahr in der Wüste, in Gefahr auf dem Meer, in Gefahr unter den falschen Brüdern und Schwestern; in Mühe und Arbeit, in vielen schlaflosen Nächten, in Hunger und Durst, ganz ohne Essen, in Frost und Blöße.«

Ich aber entgegnete ihm: »Herr, sprich nicht vom Kreuz und deinem Tod, denn sie sind dir fern.«

Der Herr antwortete und sprach: »Wahrlich, ich sage euch, niemand wird gerettet, der nicht an mein Kreuz glaubt. Denen aber, die daran glauben, gehört das Himmelreich. Werdet zu Suchenden des Todes, so wie die Toten nach dem Leben trachten, denn das, wonach sie suchen, wird ihnen offenbart. Und was könnte sie ängstigen? Wenn nun ihr den Tod bedenkt, so wird er euch lehren, dass ihr Auserwählte seid. Wahrlich, ich sage euch, wer den Tod fürchtet, wird nicht gerettet werden, denn denen, die tot sind, wird das Himmelreich gehören. Werdet besser, als ich es bin, werdet dem Sohn des Heiligen Geistes gleich.«

Apokryphon des Jakobus 5, 1-6

Zwischen all dem anderen Material im Apokryphon des Jakobus auf diese Textstelle zu stoßen ist geradezu verblüffend. Mit seiner Aufforderung, »Suchende des Todes« werden, empfiehlt Jesus seinen Jüngern nicht etwa, dem Tod zu begegnen, sondern dem Martyrium.

Darauf fragte ich ihn: »Herr, wie können wir denen prophezeien, die Prophezeiung von uns erbitten? Es sind viele, die ein Orakel von uns hören wollen.«

Der Herr antwortete und sprach: »Wisst Ihr nicht, dass mit [dem Kopf des] Johannes das Haupt der Prophezeiung abgetrennt wurde?«

Ich aber sagte: »Herr, wie könnte es möglich sein, der Prophezeiung Haupt abzutrennen?«

Der Herr antwortete mir: »Wenn du lernst, was das Wort ›Haupt‹ bedeutet und dass Prophezeiungen aus dem Haupt hervorgehen, wirst du auch wissen, was es heißt: ›Ihr Haupt wurde entfernt.‹ Anfangs sprach ich zu euch in Gleichnissen, und ihr habt nicht verstanden. Jetzt spreche ich offen, doch ihr begreift immer noch nicht. Ihr dagegen wart mir ein Gleichnis unter Gleichnissen, eine Offenbarung unter offenbarten Dingen.« Apokryphon des Jakobus 6, 1-4

Es fällt schwer, zu glauben, dass Jesus hier wirklich unvermittelt und nicht esoterisch (in Gleichnissen) spricht, da er Jakobus gegenüber äußert, dass »Kopf« eine besondere Bedeutung habe und dass er und die anderen Jünger nicht verstünden, was mit der Wendung »ihr Haupt wurde entfernt« gemeint sei.

Bemüht euch um eure Rettung, ohne dazu gedrängt zu werden. Trachtet selbst danach und gelangt, wenn möglich, noch vor mir ans Ziel; denn dann wird euch der Vater lieben.

Apokryphon des Jakobus 6, 7

Jesus legt Wert auf die eigene Anstrengung im Hinblick auf Erlösung.

Lernt, Heuchelei zu verachten wie auch das böse Denken, das Heuchelei hervorbringt; Heuchelei ist von der Wahrheit weit entfernt. Apokryphon des Jakobus 6, 8

Jesus empfiehlt einen gleichsam psychologischen Blick auf Heuchelei: Wir haben den Gedanken, womöglich sogar das Bedürfnis, Falsches zu tun, und handeln danach.

Lasst nicht zu, dass das Himmelreich verwelkt; denn es ist wie ein Palmzweig, dessen Früchte zu Boden gefallen sind. Die Früchte bringen Triebe hervor und trocknen dann aus. Gleiches geschieht mit den Früchten, die aus dieser Wurzel wuchsen. Sie wurden von vielen aufgelesen. Sie, die Wurzel, war gewiss gut. Ist es euch nicht möglich, neue Pflanzen aufzuziehen und diese dabei zu finden?

Apokryphon des Jakobus 6, 9-12

Helmut Köster bemerkt hierzu, dass weibliche Dattelpalmen ihre Blütenstände abwerfen, wenn kein männlicher Baum in der Nähe ist. Dieses Gleichnis entspricht dem klassischen Vergleich zwischen dem Himmelreich und dem Gegenstand des Gleichnisses. Köster vermutet, dass das Original mehrere Male abgeändert wurde, denn so, wie es uns vorliegt, bleibt es unklar. Die ursprüngliche Frucht fiel zu Boden und trocknete aus, wurde aber aufgelesen und brachte neue Pflanzen hervor.

Nehmt das Wort ernst. Denn der erste Teil des Wortes ist der Glaube, der zweite ist Liebe, der dritte die Tat. Daraus entsteht Leben. Denn das Wort ist wie ein Weizenkorn. Der, der säte, setzte sein Vertrauen darin. Und als es keimte, liebt er es, denn er sah nicht nur eines, sondern viele Körner. Er arbeitete und war gerettet, weil er zu essen hatte, und einen Teil der Ernte behielt er zurück für die nächste Aussaat. So könnt auch ihr das Himmelreich gewinnen. Ihr werdet es aber nicht finden können, es sei denn durch Erkenntnis.

Apokryphon des Jakobus 6, 16-18

Besonders eindrücklich hat Jesus in Gleichnissen gelehrt. Dennoch sind einige seiner Gleichnisse weder im Neuen Testament noch im Thomasevangelium enthalten. Dies ist das zweite Gleichnis im Apokryphon des Jakobus. Unmittelbar vor diesem Gleichnis erwähnt Jesus sieben Gleichnisse, die aus den Evangelien des Neuen Testaments bekannt sind. Die Aussage des hier wiedergegebenen Gleichnisses ist klar und enthält die Botschaft: Pflegt das, was von Wert ist.

Vertraut mir also, meine Brüder. Wisset, was das große Licht ist. Ich gehe zu meinem Vater, obwohl er mich nicht braucht, denn ein Vater braucht seinen Sohn nicht; es ist der Sohn, der den Vater braucht. Der Vater des Sohnes braucht euch nicht.

Apokryphon des Jakobus 6, 24-26

Hört auf das Wort, strebt nach Erkenntnis, liebt das Leben, und niemand wird euch verfolgen oder unterdrücken, außer ihr tut es selbst.

Apokryphon des Jakobus 6, 27

Verglichen mit der vorausgegangenen Aufforderung zum Martyrium ist diese Aussage wie ein Appell zum

»sich wohl fühlen«. Solche Worte Jesu könnten auch in einem modernen Ratgeber zur Selbsthilfe stehen.

Denn das Himmelreich ist wie eine Kornähre, die auf dem Feld wuchs. Als sie reif war, verstreute sie die Saat für ein weiteres Jahr. Darum, dass auch ihr vom Himmelreich erfüllt sein möget, solltet auch ihr das Reifwerden der Ähre des Lebens nicht hinauszögern.

Apokryphon des Jakobus 8, 1-4

Auch dies ist ein schlichtes und ermutigendes Gleichnis. Es hat nicht die verblüffende Wendung, die so viele andere Gleichnisse Jesu kennzeichnet.

Macht das Himmelreich nicht zu einer Wüste in euch. Brüstet euch nicht wegen des Lichtes, das in euch leuchtet, sondern seid untereinander so, wie ich zu euch bin. Denn euretwegen habe ich mich selbst unter den Fluch gestellt, damit ihr gerettet werdet.

Apokryphon des Jakobus 8, 11-13

Jesus warnt davor, dass der Stolz auf eigene spirituelle Leistungen diese zunichte – »zu einer Wüste in euch« – macht.

Alle Natur, alle Formen, alle Tiere existieren in- und miteinander und werden sich wieder zu ihren Wurzeln hin auflösen. Denn alles Stoffliche muss sich auf die Wurzeln seiner Natur zurückentwickeln. Wer Ohren hat zu hören, der höre.

Evangelium nach Maria 2, 1-5

Jesus beantwortet damit die Frage, ob alle Materie vernichtet werde. Diese Äußerung ist nicht gerade typisch gnostisch, denn für den Gnostizismus bildet die Materie die unterste Stufe in der Hierarchie von Seele und Geist.

◆ Das Marienevangelium war unter den Nag-Hammadi-Schriften nicht zu finden. Es blieb allerdings in zwei kleinen, auf Griechisch verfassten Papyrus-Fragmenten sowie im koptischen Berlin- (oder Akhmim-) Codex erhalten. Das Marienevangelium stammt aus dem späten zweiten Jahrhundert und besteht aus Dialogen.

Petrus sagte zu ihm: »Du hast uns alles erklärt, so erkläre uns auch dies: Was ist die Sünde der Welt?«

Der Erlöser antwortete: »Es gibt keine Sünde an sich. Ihr bringt sie hervor durch euer Tun, etwa durch Ehebruch, der als Sünde zu bezeichnen ist. Das Gute hingegen kam mitten unter euch, um zu seinen Wurzeln, dem Wesen jeglicher Natur, zurückzukehren. Wer Verstand hat zu begreifen, der begreife. Das Stoffliche brachte unvergleichliches Leid in die Welt, das aus Dingen erwuchs, die wider die Natur waren. Darum gerät sie in Verwirrung. Also sage ich euch: ›Seid guten Mutes‹, und wenn es euch an Mut gebricht, schöpft Mut aus der Vielfalt der Natur. Wer Ohren hat zu hören, der höre.«

Evangelium nach Maria 3, 1-9

Sünde ist keine eigenständige Macht, sondern immer nur das Resultat einer Unbotmäßigkeit. An anderer Stelle im Marienevangelium tritt die Seele in einen Dialog mit Mächten wie der Dunkelheit, dem Verlangen und der Ignoranz.

Friede sei mit euch. Empfangt meinen Frieden. Lasst euch nicht in die Irre führen von denen, die sagen: »Schau, hier!« Oder: »Schau, dort!« Denn des Menschen Sohn ist mit euch. Folgt ihm nach. Wer ihn sucht, wird ihn finden. Dann zieht aus und verkündet das Evangelium vom Himmelreich. Verfasst keine anderen Gesetze als die, die ich euch gab, und urteilt nicht wie die Richter, auf dass nicht auch ihr unter Anklage gestellt werdet. Evangelium nach Maria 4, 1-10

Auch hier betont der gnostische Jesus den Wert der inneren, persönlichen Erfahrung, die höher zu veranschlagen sei als Gesetze oder Verbote.

Maria sagte: »Ich sah den Herrn im Traum und sprach zu ihm, ›Herr, ich sah dich heute in einem Traum.‹ Er antwortete mir: ›Gesegnet seiest du, da dich mein Anblick nicht wanken ließ. Denn wo der Verstand ist, da ist Lohn.‹

Ich sagte zu ihm: ›Herr, wie sieht man einen Traum, mit der Seele oder mit dem Geist?‹

Der Heiland antwortete und sprach: ›Weder mit der Seele noch mit dem Geist, sondern mit dem Verstand, der zwischen beiden liegt. Dieser sieht das Traumbild.‹«

Evangelium nach Maria 7, 1-6

Von Petrus darum gebeten, schildert Maria ihre Vision. In der außerkanonischen Literatur gibt es zwischen Petrus und Maria und den anderen Jüngern häufig Streit. An dieser Stelle erkennt er jedoch an, dass Jesus Maria mehr als jede andere Frau liebt. Die Unterscheidung zwischen Seele und Geist ist für den Gnostizismus und die antike Welt insgesamt von entscheidender Bedeutung. Hier wird uns gesagt, dass es ein drittes Element zwischen beiden gibt – den Verstand.

Wenn euch selbst das, was sichtbar ist, verborgen bleibt, wie könnt ihr dann verstehen, was unsichtbar ist? Wenn ihr nicht einmal die Werke der Wahrheit, die offenbar sind, zu verrichten im Stande seid, wie wollt ihr dann die unsichtbaren Werke der Erhabenheit und des Pleroma verrichten? Wie könntet ihr Werkmeister genannt werden? In dieser Hinsicht seid ihr Lehrlinge, die die Höhe der Vollkommenheit noch nicht erreicht haben.«

Buch des Athleten Thomas 138, 27-35

Jesu Worte gleichen hier der Vorschrift, auch den kleinen Dingen Sorgfalt angedeihen zu lassen.

◆ Das Buch des Athleten Thomas gehört wie das Thomas- und das Philippusevangelium zum Nag-Hammadi-Codex II. Den griechischen Beinamen *athletes* trägt Thomas deshalb, weil in seinem Buch viel die Rede ist vom Kampf gegen körperliche Gelüste. Das Buch entstand wahrscheinlich im Syrien des zweiten Jahrhunderts.

Es liegt am Licht selbst, dass es existiert.

Buch des Athleten Thomas 139, 21

Das Licht ist in vielen Traditionen eine Metapher für eine höhere Stufe des Bewusstseins.

Gesegnet sei der weise Mensch, der nach der Wahrheit suchte und, als er sie fand, für immer bei ihr verweilte und keine Angst vor denen hatte, die ihn verstören wollten.

Buch des Athleten Thomas 140, 40-41

Die Wahrheit muss nicht nur als solche erkannt, sondern darüber hinaus auch bewahrt werden vor denen, die davon abzubringen versuchen, »verstören« wollen.

Höre auf meine Worte und glaube an die Wahrheit. Der Sämann und die Saat werden im Feuer vergehen, im Feuer und im Wasser, und sie werden sich in dunklen Grüften verbergen. Und nach langer Zeit werden sie die Früchte der üblen Bäume darbieten. Sie werden gestraft und in den Mäulern der Tiere und Menschen vernichtet werden, vom Drängen des Regens, der Winde und der Luft und vom Licht, das über ihnen leuchtet.

Buch des Athleten Thomas 142, 9-17

Grausame, apokalyptische Schreckensbilder sind für das Christentum von Anfang an typisch.

Wehe euch, ihr Gottlosen, die ihr ohne Hoffnung seid und euch verlasst auf das, was geschehen wird.

Wehe euch, die ihr Hoffnung auf das Fleisch und das Gefängnis setzt, welche vergehen werden. Wie lange wollt ihr im Irrtum verharren? Wie lange wollt ihr dem Irrglauben anhängen, dass auch das Unvergängliche vergehen wird? Eure Hoffnung richtet sich auf diese Welt, und euer Gott ist dieses Leben. Ihr verderbt eure Seelen.

Wehe euch, die ihr dem Feuer ausgeliefert seid, das in euch brennt, denn es ist unersättlich.

Wehe euch, die ihr an das Rad gebunden seid, das in euren Sinnen kreist.

Wehe euch, die ihr der verzehrenden Kraft in euch ausgeliefert seid, denn sie wird euer Fleisch verschlingen und heimlich eure Seelen zerreißen …

Buch des Athleten Thomas 143, 8-10

»Wehe euch«-Worte sind für den heutigen Leser weniger willkommen als Segnungen, zumal sie in ihrem Urteil mitunter sehr drastisch zu sein scheinen. Mit dem Rad, das in unseren Sinnen kreist, ist unsere gedankliche Beschränktheit gemeint. Die christliche Überlieferung in den Philokalia, den Schriften der orthodoxen Kirche des Ostens, enthält viele Ratschläge hinsichtlich solcher kreisenden Gedanken.

Wehe euch, Gefangene, die ihr in Höhlen gebunden seid. Ihr lacht und ergötzt euch an irrem Gelächter. Ihr nehmt nicht wahr, was euch beschieden ist, noch kennt ihr die Umstände, in denen ihr lebt, und wisst nicht, dass ihr von Dunkelheit und Tod umgeben seid. Das Feuer in euch hat eure Sinne verwirrt, und ihr labt euch am Gift und an den Schlägen eurer Feinde. Die Dunkelheit ist euch wie das Licht, denn ihr habt eure Freiheit gegen Knechtschaft eingetauscht. Ihr habt eure Herzen verdüstert, eure Gedanken der Torheit verschrieben und eure Sinne vom Rauch des Feuers in euch ausfüllen lassen. Buch des Athleten Thomas 144, 21-35

Zwar werden diese Worte Jesus in den Mund gelegt, doch stammt die Vorstellung der Gefangenschaft in Höhlen wohl von Platons Höhlengleichnis aus dem siebten Buch seiner *Politeia*. In Platons Gleichnis sind die Gefangenen von der einzigen Lichtquelle abgewandt und erkennen nur die Schattenbilder der Gestalten, die sich in ihrem Rücken bewegen.

Gesegnet seid ihr, die ihr das Ungemach im Voraus erkennt und fremden Dingen entflieht.

Gesegnet seid ihr, die ihr geschmäht und nicht gewürdigt werdet wegen der Liebe, die euer Herr für jene empfindet.

Gesegnet seid ihr, die ihr weint und von den Hoffnungslosen bedrängt werdet, denn ihr werdet von allen Fesseln befreit werden. Wachet und betet, dass ihr nicht im Fleisch gefangen bleibt, sondern den Fesseln der Bitterkeit dieses Lebens entkommt. Und wenn ihr betet, werdet ihr Ruhe finden und alles Schmerzliche und alle Schmach hinter euch lassen. Denn wenn ihr das Leid und die Leidenschaft des Körpers überwindet, wird euch von dem guten Einen Ruhe gewährt, und ihr werdet an der Seite des Königs regieren. Ihr habt euch mit ihm verbunden und er sich mit euch von nun an bis in alle Ewigkeit. Amen. Buch des Athleten Thomas 145, 1-15

Besonders auffällig an diesem Jesuswort ist die Beschreibung der negativen Aspekte menschlicher Existenz. Allerdings wird uns auch Ruhe versprochen und die Aussicht darauf, mit dem König zu herrschen.

Kommt alle und versammelt euch im Haus des Vaters. Aber nehmt nichts, was darin ist, an euch, noch tragt es fort.

Philippusevangelium 16

Im geläufigen Sinn ist das Haus des Vaters der Tempel von Jerusalem. Es kann aber auch das »nicht von Händen gebaute Haus« sein, ein inneres, spirituelles Haus.

◆ Das Philippusevangelium aus dem Nag-Hammadi-Codex II ist eine Sammlung valentinianisch-gnostischen Materials. Valentinus war ein einflussreicher Gnostiker des zweiten Jahrhunderts.

Er sagte heute in der Eucharistie: »Der du das vollkommene Licht mit dem Heiligen Geist vereinigt hast, vereinige auch unsere Engel mit den Abbildern.« Philippusevangelium 24

Mit dem Sakrament der Eucharistie, dem Abendmahl, feiert das Christentum seit seiner Frühzeit das teilnehmende Gedenken des Opfertodes Jesu. Möglich ist, dass die hier wiedergegebenen Worte tatsächlich während einer valentinianischen Abendmahlsfeier ausgesprochen wurden. Im zweiten Jahrhundert wird eine solche Feier sehr viel weniger formal abgelaufen sein als in späteren Zeiten. Einerseits wird es hier mit der Vereinigung des vollkommenen Lichts und des Heiligen Geistes verglichen, andererseits mit der von den Engel und ihren Abbildern. Zwischen dem vollkommenen Licht und dem Heiligen Geist besteht wohl kaum ein Unterschied.

Eines Tages bat ein Jünger den Herrn um ein weltliches Gut, und der Herr sagte zu ihm: »Bitte deine Mutter darum, und sie wird dir geben, was einem anderen gehört.«

Philippusevangelium 30

Die Bitte des Jüngers ist inakzeptabel. Im Philippusevangelium wird »Mutter« häufig als Synonym für den Heiligen Geist gebraucht, in diesem Fall aber scheint die leibliche Mutter angesprochen zu sein.

Der Herr ging in die Färberei des Levi. Er nahm zweiundsiebzig Farben und warf sie in den Zuber. Daraufhin schöpfte er die Farbe Weiß daraus hervor und sagte: »Also ist aus dem Menschensohn ein Färber geworden.« Philippusevangelium 47

Das im zweiten Jahrhundert entstandene Kindheitsevangelium nach Thomas enthält eine ähnliche Geschichte: »Der Herr Jesus ging in eine Färberei, nahm all diese Stoffe und steckte sie in einen Kessel voll Indigo. Als Salem kam und sah, dass die Stoffe verdorben waren, fing er laut zu klagen an und fragte den Herrn Jesus: ›Was hast du mir da angetan, Sohn der Maria? Jetzt bin ich in der ganzen Stadt in Verruf, denn ein jeder will eine Farbe, die zu ihm passt. Nun kommst du daher und verdirbst alles.‹ Der Herr Jesus aber antwortete: ›Ich werde die Farben all der Stoffe verändern, die du verändert haben willst.‹ Dann nahm er die Stoffe Stück für Stück aus dem Kessel, und jeder hatte die gewünschte Farbe.«

Und in Begleitung des Erlösers ist Maria Magdalena. Der Herr liebte Maria mehr als irgendeinen anderen seiner Jünger, und er küsste sie oft auf [den Mund]. Die anderen sahen, dass er Maria liebte, und fragten ihn: »Warum liebst du sie mehr als uns?« Der Erlöser antwortete: »Warum ich euch nicht so liebe wie sie? Wenn sich ein Blinder und einer, der sehen kann, beide in der Dunkelheit aufhalten, unterscheidet sie nichts voneinander. Wenn aber das Licht kommt, wird es der, der sehen kann, wahrnehmen, während der Blinde im Dunkeln bleibt.« Philippusevangelium 48

Dieses Zitat ist durch Dan Browns Roman *Sakrileg* berühmt geworden. Es spricht davon, dass Maria in dieser Situation den anderen Jüngern vorgezogen wird, allerdings nicht in einer erotischen Beziehung, sondern aufgrund ihrer spirituellen Überlegenheit.

Gesegnet ist der, der, bevor er ins Sein kam, existierte. Denn der, der existiert, war und wird sein. Philippusevangelium 49

> Dieses Wort erscheint auch in einem Zitat des Kirchenvaters Irenaeus: »Glücklich [gesegnet] ist, wer existierte, ehe er Mensch wurde.« So auch im Thomasevangelium, Vers 19: »Selig der, der war, bevor er wurde.«

Ich bin gekommen, um das Untere dem Oberen gleich zu machen und das Äußere wie das Innere und beides an Ort und Stelle in ihrer Art zu vereinen … Philippusevangelium 61

> Dieses Wort findet sich auch im Thomas- und im Ägypterevangelium, allerdings ohne den Zusatz »beides … zu vereinen«; so steht es nur im Philippusevangelium.

Manche gingen lachend ins Himmelreich ein und frohlockten, als sie die Welt verließen. Und sie verließen [sie], weil […] ein Christ […] Philippusevangelium 84

> In gnostischen Schriften ist häufig vom lachenden Jesus die Rede. In anderen Überlieferungen lacht Jesus auffälligerweise nie.

Der, den ihr glücklich und lachend am Baum seht, ist der lebendige Jesus. Jener aber, in dessen Hände und Füße Nägel geschlagen wurden, ist nur sein leiblicher Teil, der verhöhnte Statthalter, der nach seinem Bild erschaffen wurde. Schaut auf ihn und auf mich. Apokalypse des Petrus

Der Jesus, der dies sagt, ist von dem am Kreuz sterbenden Körper losgelöst. Der wahre Jesus ist seine spirituelle Erscheinung, nicht seine leibliche Gestalt.

Ich bin die wahre Pforte.

Naassener-Exegese in: *Hippolytus*, Wider alle Häresien V 8, 20

»Ich bin«-Worte sind besonders zahlreich im kanonischen Johannesevangelium vertreten, das von Kommentatoren häufig als »gnostisch« apostrophiert wurde. Im frühen zweiten Jahrhundert gab es noch keine klare Trennungslinie zwischen Gnostikern und anderen Christen.

◆ Hippolytus urteilt über den Glauben der Naassener, von denen er in seiner Streitschrift »Wider alle Häresien« sagt, dass sie nach der Schlange Naas benannt wurden. Das Kapitel, aus dem dieses Wort stammt, wurde unter dem Namen »Naassener-Exegese« bekannt.

Ihr seid übertünchte Gräber voller Gebeine, weil der Lebendige nicht in euch ist.

Naassener-Exegese in: *Hippolytus*, Wider alle Häresien V 8, 23-24

Der Vergleich mit übertünchten Gräbern entspricht dem bei Matthäus 23, Vers 27 mit dem Unterschied, dass Jesus hier hinweist auf die Abwesenheit des Lebendigen (des Geistes).

Wenn ihr nicht mein Blut trinkt und mein Fleisch esst, werdet ihr nicht in das Himmelreich eingehen; aber auch wenn ihr den Kelch trinkt, den ich trinke, könnt ihr dahin nicht gelangen, wohin ich gehe.

Naassener-Exegese in: *Hippolytus*, Wider alle Häresien V 8, 11

Wer mich sucht, wird mich finden in siebenjährigen Kindern, denn ich, der ich verborgen war, offenbare mich im vierzehnten Zeitalter.

Naassener-Exegese in: *Hippolytus*, Wider alle Häresien V 7, 20

Hippolytus bezieht sich auf das Evangelium nach Thomas, zitiert aber offenbar nicht aus dem koptischen Thomasevangelium, sondern aus einer ganz anderen Quelle.

Wenn ihr Totes aßt und lebendig machtet, was werdet ihr tun, wenn ihr Lebendes zu euch nehmt?

Naassener-Exegese in: *Hippolytus*, Wider alle Häresien V 8, 32

In Vers 11 des Thomasevangeliums findet sich ein ähnlicher Ausspruch. Wie mag die Antwort auf diese Frage lauten? Vielleicht die, dass uns das Lebende zum Leben erweckt.

Seht, hier bin ich, der durch die Propheten spricht, seht, ich bin hier.

Epiphanius, Wider die Häresien 23, 5, 5

Mein Vater ist immer noch tätig, so auch ich.

Epiphanius, Wider die Häresien 23, 5, 5

Vater, du hast mich gezeugt, und ich kam vom Vater hierher, und ich bin in ihm, so wie der Vater in mir ist.

Epiphanius, Wider die Häresien 69, 53, 1-2

Ich klopfe an, und wenn mir jemand öffnet, werden wir zu ihm eintreten, ich und mein Vater, und bei ihm wohnen.

Epiphanius, Wider die Häresien 69, 63

Ich bin du, und du bist ich, und wo immer du auch sein magst, bin auch ich, und ich bin in alles hineingesät. Und wo immer du willst, kannst du mich erfassen, doch wenn du mich erfasst, erfasst du dich selbst.

Evangelium nach Eva in: *Epiphanius*, Wider die Häresien 26, 3, 1

Ähnlich wie Paulus' Christus, der in uns wohnt – »Wir haben Christi Geist in uns« (1. Korinther 2, 16) –, identifiziert dieses Wort Jesus als eine innere Spiritualität. Es ist unwahrscheinlich, dass es vom historischen Jesus gesprochen wurde, doch hätte er ihm wohl zugestimmt. Zur Diskussion um das frühe Christentum als spirituellen Kultus siehe Stevan Davies: *Jesus the Healer*.

◆ Das Evangelium nach Eva ist nur aus Zitaten des Epiphanius bekannt, der in seiner Auslegung der verschollenen Schrift auf Anzüglichkeiten hinweist, die wahrscheinlich seiner eigenen Fantasie entspringen.

Ich bin das lebendige Wasser.

Petrus von Sizilien, Geschichte der Manichäer 29

Im vierten Kapitel des Johannesevangeliums begegnet Jesus der Samariterin am Brunnen. Obwohl er im Gespräch mit ihr Bezug auf das »lebendige Wasser« nimmt und obwohl es im Johannesevangelium viele »Ich bin«-Aussagen gibt, ist dieses Wort nicht darin enthalten.

◆ Petrus von Sizilien lebte als Schreiber im Byzanz des neunten Jahrhunderts. Er verfasste die *Geschichte der Manichäer* als Streitschrift gegen die Paulikaner, die einer späten Form christlicher Gnostik anhingen.

Gesegnet ist, wer mit mir in Himmelreich zu Tisch sitzt. Ihr seid das Salz der Erde und die Lampe, die die Welt erhellt. Schlaft nicht noch seid untätig, bis ihr euch kleidet mit den Kleidern des Königreiches, das ich mit dem Blut der Trauben gekauft habe.

Papyrus Berolinensis 22220, Evangelium des Erlösers 2-4

Kein Teil ist größer als der eure, noch ist eine Herrlichkeit höher als die eure.

Papyrus Berolinensis 22220, Evangelium des Erlösers 62

Wer mir nahe kommt, wird verbrennen. Ich bin das lodernde Feuer. Wer mir nahe ist, ist dem Feuer nahe; wer mir fern ist, ist fern vom Leben.

Papyrus Berolinensis 22220, Evangelium des Erlösers 71

Ähnliches steht im Vers 82 des Thomasevangeliums. Auch dieses Wort ist in außerkanonischen Texten weit verbreitet und kann wie jedes andere Wort durchaus dem historischen Jesus als ein authentischer Ausspruch zugeschrieben werden.

◆ Das Papyrus Berolinensis, das Erlöserevangelium, lagerte unbemerkt im Berliner Museum, nachdem es 1967 erworben wurde. Erst 1991 wurde es entdeckt und 1999 von Charles W. Hendrick und Paul A. Mirecki in Übersetzung herausgegeben. Von Stephen Emmel neu übersetzt und redigiert, erschien es 2002 in Bart Ehrmans *Lost Scriptures*. Die hier zitierte Version entspricht Emmels Übersetzung. Das Evangelium des Erlösers enthält zahlreiche Aussagen Jesu, von denen allerdings viele nur in fragmentarischer Form erhalten geblieben sind.

Ich bin bei euch als ein Kind.

Papyrus Berolinensis 22220, Evangelium des Erlösers 73

Einfach und prägnant, klingt auch hier das von Jesus häufig angesprochene Thema kleiner Kinder an.

Freut euch und seid von nun an froh, denn ich bin dorthin zurückgekehrt, von wo ich kam. Nun werde ich mit euch offen über die Wahrheit sprechen, von ihrem Anbeginn bis zur Vollendung. Von nun an verberge ich euch nichts von der Höhe und dem Ort. Denn das Unbeschreibliche und das erste Mysterium aller Mysterien hat mir die Kraft verliehen, euch vom Anbeginn bis zur Vollendung zu berichten, vom Innen nach Außen und vom Außen nach Innen. Hört, auf dass ich euch alles sage. Pistis Sophia

Die Pistis Sophia spricht davon, dass Jesus nach seiner Wiederauferstehung von den Toten elf Jahre lang unter seinen Jüngern weilte.

- A. Askew, ein Arzt aus London, entdeckte 1772 den koptischen Codex, der unter der Bezeichnung Codex Askewianus bekannt wurde. Wir wissen nicht, von wem er ihn erwarb. Er enthält den Text der Pistis Sophia, eine gnostische Schrift aus dem dritten Jahrhundert, deren Titel »Glaube-Weisheit« bedeutet.

Ich sage euch, einer wird unter tausend und zwei werden unter zehntausend zur Vollendung des Mysteriums des ersten Geheimnisses gefunden. Pistis Sophia

Im Vers 23 des Thomasevangeliums steht ein ähnlicher Ausspruch, der auf die Seltenheit wahrer Jüngerschaft abhebt.

Maria Magdalena und Johannes, der noch unschuldig war, aber werden über all meinen Jüngern stehen, so auch über allen, die in die Geheimnisse des Unbeschreiblichen eingeweiht werden. Sie werden zu meiner Rechten und zu meiner Linken sitzen, ich werde sie sein und sie werden ich sein; sie werden euch in allem gleichen, außer, dass eure Throne die ihren noch übertreffen und dass mein eigener Thron eure und die Throne all derer übertreffen wird, die das Wort des Unbeschreiblichen finden. Pistis Sophia

Auch die Pistis Sophia weist Maria Magdalena einen besonders wichtigen Platz zu. Sie und Johannes (der hier sehr rätselhaft als »unschuldige Jungfrau« bezeichnet wird) werden alle anderen Jünger Jesu übertreffen.

Gesegnet ist, der die Welt gekreuzigt hat und sich nicht von der Welt hat kreuzigen lassen. Buch des Jeu

Jesus erklärt seinen Jüngern, dass der, der die Welt gekreuzigt hat, derjenige sei, der sein Wort erkannt und erfüllt hat.

◆ Der Codex Brucianus wurde 1769 von dem Schotten James Bruce in Oberägypten entdeckt. Dieser Codex enthält das erste und zweite Buch des Jeu in koptischer Sprache sowie einen unbetitelten Text. Ein Großteil der Bücher Jeus ist wie viele gnostische Texte in Dialogform verfasst.

Es ist der Wille meines Vaters, dass ihr eure Seele von der Bildung des Geistes empfangen sollt, dass sie aufhören möge, irdisch zu sein, und zur Weisheit gelange durch das, was ich euch mit meinen Worten sage, auf dass ihr sie vollendet und von den Herrschern dieses Zeitalters und seinen endlosen Fallen errettet seid. Buch des Jeu

> Die Seele steht zwischen dem irdischen Körper und dem göttlichen Geist. Die Worte Jesu werden sie zur Weisheit führen und vom Körper befreien.

Gesegnet ist, wer von diesen Dingen weiß. Dass einer den Himmel heruntergebracht und die Erde erhöht und zum Himmel emporgehoben hat und in die Mitte getreten ist, welche nichts ist. Buch des Jeu

> »Die Mitte« ist ein gnostischer Begriff, der vor allem im valentinianischen Gnostizismus Verwendung findet. Er entspricht häufig der Ebene der Seele und hat wie hier einen negativen Beiklang.

Bewahret diese Mysterien, in die ich euch einweihe, und offenbart sie niemandem, außer denen, die ihrer würdig sind. Offenbart sie weder euren Vätern oder Müttern, Brüdern, Schwestern oder Anverwandten, nicht für Speisen oder Getränke, nicht für Frauen, noch für Gold oder Silber, für nichts Weltliches. Bewahret sie und offenbart sie keinem zu Zwecken, die dieser Welt nützen. Buch des Jeu

Jesu Lehren sind nach dieser Aussage esoterischer Art, das heißt, sie sollten nicht zugunsten persönlicher oder familiärer Interessen preisgegeben werden.

Islamische Logien

Einführung in die islamischen Logien

Der Prophet Mohammed floh im Jahre 622 unserer Zeitrechnung von Mekka nach Medina. Mit diesem Jahr beginnt der muslimische Kalender. Arabien stand unter hellenistischem Einfluss, lag aber abseits der großen Kulturzentren und hatte keine vorherrschende Religion. Es gab verschiedene heidnische Kulte, aber auch christliche Gruppen, darunter nestorianische Christen, sowie jüdische Gemeinden. Juden und Christen wurden von den Muslimen als »Volk des Buches« bezeichnet. Moses und andere hebräische Bibelgestalten – so auch Jesus – galten als Propheten des neuen islamischen Glaubens.

Im Koran kommt Jesus mehrfach zu Wort. Einige dieser Stellen sind hier aufgeführt. Die im Koran wiedergegebenen Aussagen Jesu stammen aller Wahrscheinlichkeit nach nicht aus älteren Quellen, wohl aber findet sich der Bericht über Jesu Geburt unter einer Palme wie auch der über die Schaffung von Vögeln aus Lehm im apokryphen Kindheitsevangelium. Wie in manchen gnostischen Schriften wird auch der Jesus des Koran nicht gekreuzigt: »Sie töteten ihn nicht und sie kreuzigten ihn nicht; es erschien ihnen nur einer als solcher« (Koran 4, 154-157).

Im Verlauf seiner Entwicklung zur Weltreligion, die sich in verschiedenen Kulturen ausbreitete, entstand mit dem Islam eine großartige Literatur, insbesondere unter Sufi-Schriftstellern. In diesen Schriften, die durch einen mystischen Zugang zu Gott gekennzeichnet sind, nimmt Jesus eine spezifisch islamisch-sufische Gestalt an. Diese Überlieferung war zweifellos eine sehr kreative, und es ist davon auszugehen, dass alle in ihr enthaltenen Äußerungen Jesu islamisch-sufischen Ursprungs sind. Islamische Gelehrte hungerten nach Wissen und sammelten Bücher aus der gesamten bekannten Welt. Christliche Klöster in Arabien trugen ebenfalls zur islamischen Kultur bei; es ist darum sehr wahrscheinlich, dass manche der hier wiedergegebenen Worte auf frühe christliche Dokumente zurückgehen. In seinem Buch *Deconstructing Jesus* versucht Robert M. Price nachzuweisen, dass al-Ghazali die in seinem Hauptwerk *Die Wiederbelebung der religiösen Wissenschaften* (um 1100) zusammengetragenen Jesusworte aus bereits bestehenden Logiensammlungen geschöpft hat. Sie zeichnen sich durch die gleiche Darstellung von Schlagwort-Assoziationen aus wie das Thomasevangelium und andere ähnliche Sammlungen.

Im Islam ist Jesus ein Prophet und kein Gottessohn, obwohl in manchen Worten Gott durch ihn spricht. Er wird oft als der Geist Gottes oder als das Wort Gottes bezeichnet, doch sind dies nur Beinamen, die nicht etwa Göttlichkeit implizieren wollen. Muslime akzeptieren zwar, dass Maria jungfräulich empfing, nicht aber die Vorstellung, dass Jesus am Kreuz starb. Der sufische Jesus trägt asketische Züge, ist dabei aber sehr ansprechend, demütig und wissbegierig.

Das islamische Material ist überaus umfangreich und vielfältig; Aussagen oder Reden von Jesus finden sich an über dreihundert verschiedenen Stellen. Es folgt eine repräsentative Auswahl aus dem Koran und aus Sufi-Quellen. Nach islamischer Überzeugung wurde der Koran in arabischer Sprache als Wort Gottes offenbart. Jede Übersetzung ist daher nur eine sinngemäße.

Islamische Logien

Als die Jünger fragten, »O Jesus, Sohn Marias, kann uns dein Herr einen Tisch vom Himmel herabsenden?«, antwortete er: »Fürchtet Gott, wenn ihre Gläubige seid.« Sie sagten: »Wir wünschen, von diesem Tisch zu essen, damit unsere Herzen zur Ruhe kommen und damit wir wissen, dass du uns die Wahrheit sagst, damit wir dies bezeugen können.« Jesus, der Sohn Marias, sagte: »O Gott, unser Herr, schicke uns einen Tisch vom Himmel herab, der uns ein Festmahl sei, für den Ersten wie den Letzten von uns. Gib uns ein Zeichen von dir und sorge für uns, denn du bist der beste Versorger.« Gott sagte: »Wahrlich, ich sende euch einen solchen Tisch, und wer danach immer noch nicht an mich glaubt, wird bestraft, wie ich sonst keinen strafe.« Koran 5, 112-115

In einer späteren außerkoranischen Überlieferung wird diesem Tischwunder ein reizendes Detail hinzugefügt: »Er schickte ihm ein rotes Tablett, bedeckt mit einem Tuch, darauf gekochter Fisch und Gemüse, ausgenommen Lauch; der Kopf war gesalzen, die Schwanzflosse mit Essig gewürzt. Und dazu gab es fünf Laibe Brot, von denen einige mit Oliven, die anderen mit Granatäpfeln und Datteln garniert waren. Viele aßen davon, und die Speisen wurden nicht weniger, und wer krank war, wurde gesund. Nach einem Tag verschwand das Tablett, kehrte aber nach vierzig Nächten wieder zurück (*Abu al Fidâ* in: *Robson*, S. 38).

Und als Gott sagte: »O Jesus, Sohn Marias, sagtest du den Menschen: ›Seht mich und meine Mutter als Götter an der Seite Gottes‹?«, antwortete Jesus: »Gepriesen sei Gott! Es steht mir nicht zu, zu sagen, wozu ich kein Recht habe; du kennst meine Seele, ich aber kenne deine Seele nicht. Wahrlich, du weißt um alle verborgenen Dinge. Ich sagte ihnen lediglich, was du mir aufgetragen hast: ›Verehret Gott, meinen und euren Herrn‹, und davon habe ich ihnen Zeugnis abgelegt, solange ich unter ihnen war. Wenn du sie strafst, sind sie deine Diener; und wenn du ihnen vergibst, bist du die Macht und die Weisheit.« Koran 5, 116-118

Der Monotheismus, die Verehrung eines einzigen Gottes, ist das Fundament des Islam. Christen betrachten Jesus als ein göttliches Wesen, die Referenz auf seine Mutter ist allerdings weniger eindeutig. Maria wird zwar häufig wie eine Göttin behandelt (obwohl keine christliche Schrift sie so bezeichnet), doch scheint es wahrscheinlicher, dass sie in diesem Zusammenhang mit dem Heiligen Geist in Verbindung gebracht wird; der Koran bezieht sich auf die Rolle Jesu und den Heiligen Geist der Trinität.

Sein Gebet, mit dem er Kranke heilte und Tote zum Leben erweckte, lautete: »O Gott, du bist der Gott derer, die im Himmel und auf Erden sind; neben dir ist kein anderer Gott. Als Allmächtiger herrschst du über alles, was im Himmel und auf Erden ist; außer dir hat keiner solche Allmacht. Und du bist König über die im Himmel und auf der Erde; neben dir ist kein anderer König. Und du richtest über alle, die im Himmel sind und auf der Erde; es gibt keinen Richter neben dir. Deine Macht auf der Erde ist so groß wie deine Macht im Himmel, deine Autorität auf der Erde wie die im Himmel. Ich bitte dich bei deinem hohen Namen. Wahrlich, du bist allmächtig.

al-Tha'labi, S. 245, in: *Robson*, S. 34-35

> Dieses Gebet, dass Jesus zugeschrieben wird, betont, dass er alle seine Wunder im Namen Allahs, des einzigen Gottes, bewirkt. Das impliziert, dass Jesus selbst nicht göttlich ist.

Sie [die Jünger] waren Fischer, die Fische fingen, und Jesus begegnete ihnen und fragte: »Was tut ihr?« Sie antworteten: »Wir fangen Fische.« Er sagte zu ihnen: »Wollt ihr nicht lieber mit mir kommen und Menschen fangen?« Sie entgegneten: »Was soll das bedeuten?« Er sagte: »Ich bin Jesus, der Sohn Marias, Gottes Diener und Apostel.« Sie fragten ihn: »Steht irgendeiner der Propheten über dir?« Er antwortete: »Ja, der arabische Prophet.« Also folgten ihm die Männer, sie glaubten an ihn und machten sich mit ihm auf den Weg.

al-Tha'labi, S. 245, in: *Robson*, S. 35

Nach islamischer Auslegung folgen die Jünger Jesus, weil er den »arabischen Propheten« (Mohammed) als über ihm stehend anerkennt.

Jesus fragte Gabriel, wann die Stunde kommen werde. Gabriel antwortete: »Der, den du fragst, weiß nicht mehr, als der, der fragt.« *Castalani*, Kommentar zu Bukhari 1, 163

Im Buch Daniel der hebräischen Bibel erschien der Engel Gabriel dem Propheten Daniel, im Lukasevangelium dem Zacharias und der Maria. Er spielt auch eine herausragende Rolle im Islam, weil er Mohammed den Koran diktierte.

Die Welt ist ein Ort des Übergangs, voll von Beispielen; seid Pilger in ihr und lasst euch die Spuren derer, die vor euch gingen, eine Warnung sein. *Yaqut*, Kitab mu'jam al-buldan

Dieser Spruch aus Yaquts »geographischem Wörterbuch« (1228) und der folgende erinnern an den Vers 42 des Thomasevangeliums, in dem Jesus seine Jünger auffordert, »Vorübergehende« zu sein. Wie viele frühe Christen waren auch die Sufi Pilger. Die beiden Sprüche hier reflektieren also nicht nur eine Haltung, sondern eine bestimmte Lebensweise.

Jesus sagte: »Seid in der Mitte, doch wandelt am Rand.«

Baidawi, Korankommentar, S. 71 (Konstantinopel-Edition)

Jesus formuliert die klassische Sufi-Botschaft: in der Welt und gleichzeitig nicht in ihr zu sein.

In den Gebeten Jesu, Sohn der Maria, heißt es: »Nehmt euch in Acht, auf welche Weise ihr unter Sündern sitzt.«

Zamakhshari, Korankommentar, S. 986

Im Material der Jesusworte zeigen sich zahlreiche Widersprüche, da Jesus nach islamischer Tradition wie auch in anderen Traditionen als jemand dargestellt wird, der sich Sündern und Prostituierten vorbehaltlos nähert.

Ich habe mich der Aussätzigen und Blinden angenommen und sie geheilt; als ich mich aber des Narren annahm, gelang es mir nicht, ihn zu heilen. El-Lllustatraf

Der Narr ist das Gegenteil des Weisen. Auch in den Weisheitsbüchern der hebräischen Bibel steht manches über Narren geschrieben.

Wer Kenntnis hat, danach handelt und lehrt, wird groß sein im Himmel.

al-Ghazali, Die Wiederbelebung der religiösen Wissenschaften, 1, 8

Auch diese Aussage enthält nichts, das gegen eine mögliche Urheberschaft Jesu spricht.

Gott hat versprochen, all diejenigen zu retten, die sich ihm der Vorschrift gemäß zuwenden, doch wer sich darüber hinaus in seinen Dienst stellt, den wird er in seiner Nähe behalten.

al-Ghazali, Die Wiederbelebung der religiösen Wissenschaften, 1, 78

> Die meisten Religionen schreiben ein Mindestmaß an Gehorsam vor. Die Gnostiker unterscheiden zwischen *psychischem* (seelischem) und *pneumatischem* (geistlichem) Gehorsam.

Es gibt viele Bäume, doch nicht alle tragen Früchte; und es gibt viele Früchte, doch nicht alle sind genießbar; so gibt es auch viele Arten der Erkenntnis, doch nicht alle sind von Nutzen.

al-Ghazali, Die Wiederbelebung der religiösen Wissenschaften, 1, 78

> Die von al-Ghazali angeführten Logien richten sich häufig an Gelehrte. Sufis legten großen Wert auf die Unterscheidung zwischen Buchweisheit und spirituellem Wissen.

Bietet das weise Wort nicht denen an, die es nicht fassen können, denn dadurch würde es beschädigt, und enthaltet es denen nicht vor, die es fassen können, denn dadurch würden diese beschädigt. Verhaltet euch wie ein sorgsamer Arzt, der das Heilmittel nur an der erkrankten Stelle anwendet.

al-Ghazali, Die Wiederbelebung der religiösen Wissenschaften, 1, 66

Hängt kein Geschmeide um den Hals der Schweine. Weisheit ist edler als Edelsteine, und wer sie nicht wertzuschätzen weiß, ist schlimmer als ein Schwein.

al-Ghazali, Die Wiederbelebung der religiösen Wissenschaften, 1, 72

Wie im Judentum sind Schweine auch im Islam unrein. Das bekannte Wort, wonach man keine Perlen vor die Säue werfen soll, hat unter Christen weniger Gewicht, da sie Schweine, selbst wenn diese als schmutzig gelten, als Fleischlieferanten schätzen.

Falsche Gelehrte sind wie ein Fels, der in eine Flussmündung gestürzt ist; er trinkt das Wasser nicht, noch lässt er es übers Feld fließen. Sie sind wie das Ausflussrohr eines Abortes, das außen verputzt und innen faul ist; oder wie Gräber, außen geschmückt, aber im Innern voller Gebeine.

al-Ghazali, Die Wiederbelebung der religiösen Wissenschaften, 1, 49

Was in den Evangelien die Pharisäer, sind in der islamischen Kultur die »falschen Gelehrten«. Der mittelalterliche Islam hatte eine ausgeprägte scholastische Tradition. Solche Gelehrte aber, die sich ausschließlich um intellektuelles Wissen bemühen, sehen den Wald vor lauter Bäumen nicht.

Wie sollte der ein Gelehrter sein, der sich die weltlichen Dinge zu eigen macht, wenn ihn seine Reise in die andere Welt führt? Wie sollte der ein Gelehrter sein, der nach Worten sucht, um sich mit ihnen auszudrücken, und nicht, um danach zu handeln?

al-Ghazali, Die Wiederbelebung der religiösen Wissenschaften, 1, 50

In al-Ghazalis umfangreichem Werk finden sich zahlreiche solcher Worte in scheinbar beliebiger Abfolge; wenn man sie aber der Reihe nach isoliert betrachtet, fällt auf, dass sie die einzelnen Abschnitte assoziativ und thematisch miteinander verbinden.

Wer höheres Wissen lehrt und nicht entsprechend weise handelt, ist wie eine heimliche Ehebrecherin, deren Schande durch ihre Umstände verraten wird. Eine solche Person, die sich in ihrem Tun nicht nach den bekannten Geboten richtet, wird durch den Herrn am Tag des Jüngsten Gerichts vor aller Kreatur ihrer Schande ausgesetzt.

al-Ghazali, Die Wiederbelebung der religiösen Wissenschaften

Gott sprach zu Jesus: »Ermahne dich selbst zuerst und andere nur dann, wenn du aus der eigenen Ermahnung gelernt hast – du stündest sonst in Schande vor mir.«

al-Ghazali, Die Wiederbelebung der religiösen Wissenschaften, 1, 52

Was Gott sagt, ist wahrscheinlich als Jesuswort zu verstehen, so wie Mohammed den Auftrag Gottes ausführt, niederzuschreiben, was dieser ihm diktiert.

Ein Haus, vor dessen Schwelle ein Bettler abgewiesen wurde, bleibt über sieben Nächte ohne den Schutz der Engel.

al-Ghazali, Die Wiederbelebung der religiösen Wissenschaften, 1, 77

Es wird berichtet, dass Jesus einmal in die Wüste ging und Regen erflehte. Als sich Leute um ihn versammelten, sagte er zu ihnen: »Wer gesündigt hat, muss fort von hier.« Es gingen alle, bis auf einen Mann. Jesus wandte sich ihm zu und fragte: »Hast du nie gesündigt?« Der Mann antwortete: »Gott sei mein Zeuge, ich weiß von keiner Sünde. Wahrlich, als ich eines Tages meine Gebete sprach, kam eine Frau vorbei. Mein Auge fiel auf sie, also riss ich es heraus und warf es hinter sie.« Jesus forderte ihn auf zu beten. Kaum hatte er begonnen, trieben Wolken herbei, und bald regnete es in Strömen.

al-Ghazali, Die Wiederbelebung der religiösen Wissenschaften

Zwar scheint ein solches Regenwunder für Jesus untypisch zu sein, doch heißt es von einem Galiläer namens Honi dem Kreiszieher, einem Zeitgenossen Jesu, dass er erfolgreich um Regen bat. Auch der Prophet Elia betete, dass der Regen aufhören und später wieder fallen möge.

Das Gebet Jesu: »O Gott, ich bin heute Morgen außer Stande, abzuwehren, was nicht sein soll, oder zu erreichen, was zu erreichen wäre. Diese Kraft liegt in anderen Händen. Ich bin gebunden an meine Arbeit, und niemand ist ärmer als ich es bin. O Gott, lass nicht den Feind über mich triumphieren noch meinen Freund um meinetwillen trauern; lass mich nicht am Glauben zweifeln; hüte mich davor, dass die Welt mein Hauptanliegen wird, und gib nicht denen Macht über mich, die kein Erbarmen mit mir haben.«

al-Ghazali, Die Wiederbelebung der religiösen Wissenschaften, 1, 247

Der muslimische Jesus kann also sehr demütig sein.

Gott offenbarte Jesus: »Selbst wenn du mit der gleichen Hingabe wie die Bewohner des Himmels und der Erde Gott verehrtest, aber in Gott nicht liebst und in Gott nicht hasst, wäre es dir keinen Gewinn.«

al-Ghazali, Die Wiederbelebung der religiösen Wissenschaften, 2, 119

Wie viele christliche Spruchweisheiten, die Jesus zugeschrieben werden, aber den Briefen des Apostel Paulus entstammen, könnte auch dieses Wort den ersten Korintherbrief (13;1-3) zur Vorlage gehabt haben, in dem es heißt: »Wenn ich mit Menschen- und mit Engelszungen redete …«

Jesus sagte: »Trachtet danach, von Gott geliebt zu werden, indem ihr Übeltäter verachtet. Nähert euch Gott, indem ihr von ihnen abrückt, und sucht seine Gunst in deren Missgunst.« Sie antworteten: »O Geist Gottes, mit wem sollten wir dann noch verkehren?« Darauf sagte er: »Verkehrt mit denen, die euch an Gott erinnern, deren Worte euch zu guten Werken anspornen und deren Werke eure Hoffnung auf die nächste Welt nähren.«

al-Ghazali, Die Wiederbelebung der religiösen Wissenschaften, 2, 119

Jesus fragte die Apostel: »Was würdet ihr tun, wenn der Wind eurem schlafenden Bruder die Kleider gelüftet hätte?« Sie antworteten: »Wir würden ihn zudecken.« Er aber sagte: »Nein, ihr würdet ihn aufdecken.« Sie entgegneten: »Gott bewahre! Wer würde solches tun?« Er antwortete: »Derjenige unter euch, der Worte über seinen Bruder hört und sie mit eigenen Hinzufügungen weiterverbreitet.«

al-Ghazali, Die Wiederbelebung der religiösen Wissenschaften, 2, 134

Dies ist eine prägnante und anschauliche Warnung vor Klatsch und Tratsch.

Sie sagten, es gebe keine Form der Anrede, die Jesus lieber hörte als »armer Mann«.

al-Ghazali, Die Wiederbelebung der religiösen Wissenschaften, 2, 154

Wenn man Jesus nach seinem Befinden befragte, pflegte er zu antworten: »Außerstande, vorwegzunehmen, was ich erhoffe, oder abzuwehren, was ich fürchte, gebunden an meine Arbeit, während all mein Vermögen in der Hand eines anderen liegt. Es gibt keinen armen Mann, der ärmer wäre, als ich es bin.«

al-Ghazali, Die Wiederbelebung der religiösen Wissenschaften, 2, 169

Satan, der Verfluchte, erschien Jesus und sagte zu ihm: »Sprich, es gibt keinen Gott außer Gott.« Er antwortete: »Das ist die Wahrheit, doch ich werde sie nicht auf dein Verlangen hin aussprechen.«

al-Ghazali, Die Wiederbelebung der religiösen Wissenschaften, 3, 25

Hier wird der Gedanke weiterentwickelt, dass selbst der Teufel zu eigenen Zwecken aus der Heiligen Schrift zu zitieren vermag. Was der Satan mit seiner Aufforderung an Jesus zu erreichen versucht, ist unklar.

Eines Tages legte sich Jesus nieder und bettete sein Haupt auf einen Stein. Satan, der vorüberkam, sagte: »O Jesus, wie behaglich hast du es dir in dieser Welt eingerichtet.« Da ergriff Jesus den Stein, warf ihn von sich und sagte: »Er soll dir gehören zusammen mit der Welt.«

al-Ghazali, Die Wiederbelebung der religiösen Wissenschaften, 2, 169

Jesus wurde gefragt: »Wer lehrte dich?« Er antwortete: »Niemand lehrte mich. Ich sah, wie beschämend die Unwissenheit der Narren ist, und ging ihnen aus dem Weg.«

al-Ghazali, Die Wiederbelebung der religiösen Wissenschaften, 3, 52

Sufis pflegten eine intensive Lehrer-Schüler-Beziehung. Das lässt diese Aussage, nach der Jesus keinen Lehrer hat, umso bemerkenswerter erscheinen.

Gesegnet ist, wer auf eine augenblickliche Freude verzichtet zugunsten einer versprochenen, die abwesend und unsichtbar ist.

al-Ghazali, Die Wiederbelebung der religiösen Wissenschaften, 3, 64

Die versprochene, abwesende und unsichtbare Freude ist das Leben im jenseitigen Paradies.

O ihr Apostel! Trachtet danach, dass eure Leber hungrig ist, und entblößt eure Leiber; vielleicht sehen eure Herzen dann das Licht Gottes.

al-Ghazali, Die Wiederbelebung der religiösen Wissenschaften, 3, 65

Dieser asketische Rat ist untypisch für den Jesus der Evangelien, entspricht aber sehr wohl zum Beispiel der Haltung christlicher Wüstenväter, dem syrischen Asketismus oder gewissen Varianten des Sufismus. Vielleicht stammt dieses Wort aus einer dieser Quellen.

Es wird berichtet, dass Jesus sechzig Tage lang mit seinem Herrn sprach, ohne zu essen. Dann kam ihm der Gedanke an Brot in den Sinn; die Einkehr war unterbrochen, und er sah einen Laib Brot vor sich. Er setzte sich nieder und weinte über den Verlust der Nähe zu Gott, als er einen alten Mann erblickte, der auf ihn zukam. Jesus sagte zu ihm: »Der Herr segne dich, Heiliger Gottes! Bitte für mich, denn ich war in Ekstase, als mir der Gedanke an Brot in den Sinn kam und meine Ekstase aufhob.« Der alte Mann sprach: »O Gott, wenn du weißt, dass mir jemals, seit ich dich kenne, der Gedanke an Brot in den Sinn kam, verzeih mir nicht. Nein, wenn es vor mir lag, aß ich davon, ohne einen Gedanken daran zu verschwenden.«

al-Ghazali, Die Wiederbelebung der religiösen Wissenschaften, 3, 67

Von dem Sufi und Gründer des Nawschbandi-Ordens Bahauddin Naqschband wird behauptet, dass, wenn er fastete und Besuch bekam, sein Fasten unterbrach, damit sich der Geist bei ihm wohl fühlen konnte.

Hüte dich vor den Blicken, denn sie pflanzen Begierde ins Herz, und die reicht aus als Versuchung.

al-Ghazali, Die Wiederbelebung der religiösen Wissenschaften, 3, 81

Gemeint sind vermutlich lüsterne Blicke. In islamischen Gesellschaften sind Männer und Frauen angehalten, sich so zu kleiden, dass ihre Sexualität nicht zur Geltung kommt.

Jesus wurde von einigen Männern darum gebeten, ihnen einen Weg zu zeigen, der ins Paradies führe. Er sagte: »Vermeidet jedes Wort.« Darauf entgegneten sie: »Das wäre zu viel verlangt.« Er sagte: »Dann sprecht nur Gutes.«

al-Ghazali, Die Wiederbelebung der religiösen Wissenschaften, 3, 87

Zu den asketischen Disziplinen zählt auch das Schweigen, was, streng genommen, niemandem möglich ist, der alltägliche Dinge zu verrichten hat. Möglich ist es jedoch, zur rechten Zeit zu schweigen oder bei der Wahl der Worte Sorgfalt zu üben.

Andacht besteht aus zehn Teilen. Neun davon verlangen Schweigsamkeit, einer Einsamkeit.

al-Ghazali, Die Wiederbelebung der religiösen Wissenschaften, 3, 107

Wer häufig lügt, verliert seine Schönheit; und wer mit anderen streitet, verliert seine Ehre; und wer mit Problemen belastet ist, schwächt seinen Körper; und wer zum Bösen neigt, quält sich selbst.

al-Ghazali, Die Wiederbelebung der religiösen Wissenschaften, 3, 92

Johannes der Täufer fragte Jesus, welche Last am schwersten zu tragen sei. Dieser antwortete: »Der Zorn Gottes.« »Was«, fragte Johannes, »könnte Gottes Zorn am ehesten heraufbeschwören?« »Dein eigener Zorn«, antwortete Jesus. »Und was wühlt den eigenen Zorn auf?«, fragte Johannes. Jesus sagte: »Stolz, Dünkel, Gefallsucht und Überheblichkeit.«

al-Ghazali, Die Wiederbelebung der religiösen Wissenschaften

Eine Diskussion zwischen Jesus und Johannes dem Täufer ist wohl nur in der Sufi-Literatur vorstellbar. Dass der eigene Zorn den Gottes heraufbeschwört, ist ausgleichende Gerechtigkeit.

Jesus kam an einem Schwein vorbei und sagte: »Ziehe in Frieden.« Da fragten die anderen: »O, Geist Gottes, spricht man so mit einem Schwein?« Er antwortete: »Ich würde meiner Zunge nie erlauben, dass sie sich an Böses gewöhnt.«

al-Ghazali, Die Wiederbelebung der religiösen Wissenschaften, 3, 94

Für Muslime und Juden sind Schweine unreine Tiere. In den kanonischen Evangelien wird Jesus häufig beschrieben als jemand, der sich um Reinheitsriten wenig kümmert.

In den Augen Gottes ist es eine der größten Sünden zu sagen, Gott weiß, was Er nicht weiß.

al-Ghazali, Die Wiederbelebung der religiösen Wissenschaften, 3, 107

Eine interessante Frage: Was könnte es sein, wovon Gott nichts weiß?

Eines Tages kam Jesus mit seinen Jüngeren an dem Kadaver eines Hundes vorbei. Die Jünger sagten: »Wie eklig der Gestank dieses Hundes!« Jesus aber entgegnete: »Wie weiß sind doch seine Zähne.«

al-Ghazali, Die Wiederbelebung der religiösen Wissenschaften, 3, 108

Dieser Ausspruch nennt als Quelle einen gewissen Malik, den Sohn des Dinar. Die *Hadithe*, die Berichte über die Aussagen und Taten Mohammeds, legen Wert auf eine genaue Angabe ihrer Quelle und Überlieferungsgeschichte. Hunde werden in islamischen Kulturen wenig respektiert; umso abstoßender muss der verwesende Kadaver eines Hundes erscheinen.

Christus begegnete einigen Juden, die schlecht von ihm sprachen; er aber zeigte sich ihnen gegenüber wohlgesinnt. Später fragte man ihn: »Wahrlich, sie lästerten deiner, warum sprachest du ihnen gut zu?« Er antwortete: »Ein jeder gibt, was in ihm steckt.«

al-Ghazali, Die Wiederbelebung der religiösen Wissenschaften, 3, 134

In den Schriften von al-Ghazali ist häufig die Rede von der Bedeutung des Gesprächs, des Schweigens und der nicht übel meinenden Rede.

Ergreift nicht für euren Herrn die Welt, denn sie macht euch sonst zu Sklaven. Vertraut ihm eure Schätze an; er wird sie nicht verschwenden.

al-Ghazali, Die Wiederbelebung der religiösen Wissenschaften, 3, 151

Dies ist eine Variation eines oft zitierten Jesuswortes.

Ihr Apostel, wahrlich, für euch habe ich die Welt überwunden; richtet sie nach mir nicht wieder auf. Es ist ein Zeichen der Verkommenheit dieser Welt, dass Gottes Gebote in ihr missachtet werden und dass die zukünftige Welt nicht erlangt werden kann, außer, dass man dieser abschwört. Geht also durch diese Welt, ohne zu verweilen, und wisset, dass die Wurzel jeglicher Sünde die Liebe zur Welt ist. Eine vergnügliche Stunde bringt dem, der sie genießt, lang andauernden Schmerz. al-Ghazali, Die Wiederbelebung der religiösen Wissenschaften

Ähnliches steht im Johannesevangelium: »In der Welt habt ihr Angst, aber seid getröstet, ich habe die Welt überwunden.«

In dieser und den folgenden Aussagen wird diese Welt mit der nächsten kontrastiert. Der Mensch muss diese Welt durchschreiten, ohne dass er sich an sie bindet.

Wieder sagte er: »Ich habe die Welt für euch überwunden, und ihr sitzt auf ihrem Rücken. Lasst weder Könige noch Frauen mit euch über ihren Besitz streiten, denn sie werden euch nicht bieten, was ihr in dieser Welt aufgegeben habt. Hütet euch vor den Frauen, indem ihr fastet und betet.«

al-Ghazali, Die Wiederbelebung der religiösen Wissenschaften

Wieder sagte er: »Die Welt strebt und wird erstrebt. Trachtet ein Mensch nach der nächsten Welt, sucht ihn diese Welt heim, bis er seinen Lebensunterhalt darin bestreiten kann; aber wenn ein Mensch nach dieser Welt trachtet, wird ihn die nächste heimsuchen, bis der Tod kommt und ihn bei der Gurgel packt.«

al-Ghazali, Die Wiederbelebung der religiösen Wissenschaften

Die Liebe zu dieser Welt und die Liebe zur nächsten können im Herzen eines Gläubigen nicht gleichzeitig sein, wie auch Feuer und Wasser nicht zur gleichen Zeit in einem einzigen Gefäß sein können.

al-Ghazali, Die Wiederbelebung der religiösen Wissenschaften, 3, 152

Jesus wurde gefragt: »Warum beziehst du nicht ein Haus, das dir Obdach böte?« Er antwortete: »Uns reichen die Lumpen derer, die vor uns waren.«

al-Ghazali, Die Wiederbelebung der religiösen Wissenschaften, 3, 153

Jesus personifizierte das Ideal des Wanderpredigers. Viele Kulturen kennen besitzlose, umherziehende Mönche oder vergleichbare Gestalten wie die Mitglieder gewisser Sufi-Orden, griechische Kyniker, buddhistische Mönche oder Franziskanermönche.

Es wurde berichtet, dass Jesus eines Tages, von Regen, Blitz und Donner überrascht, nach einer Zuflucht suchte. Sein Blick fiel auf ein Zelt in der Nähe; doch als er dort anlangte, fand er eine Frau darin und wandte sich ab. Dann bemerkte er eine Höhle in einem Berg; als er aber in sie eintrat, war dort ein Löwe. Er legte seine Hand auf das Tier und sagte: »Mein Gott, du hast allen einen Ruheplatz gegeben, mir aber nicht.« Daraufhin offenbarte ihm Gott: »Dein Ruheplatz ist in der Freistätte meiner Gnade und mein Versprechen, dich am Tag des Jüngsten Gerichts zu vermählen … und dir ein Brautfest zu bereiten, das viertausend Jahre andauert, wobei ein jeder Tag einer Lebensspanne in der hiesigen Welt entspricht; und ich werde einen Boten verkünden lassen: ›Wo sind die, die in dieser Welt fasten? Kommt zum Brautfest Jesu, ihr, die ihr in dieser Welt fastet.‹«

al-Ghazali, Die Wiederbelebung der religiösen Wissenschaften

Wer in dieser Welt nicht isst, wird auf dem Brautfest Jesu bewirtet. Das Fasten in dieser Welt (ein auch im Thomasevangelium aufgegriffenes Thema) ist nicht im wortwörtlichen Sinne zu verstehen als jeglicher Verzicht auf Speise, wenngleich auch dies ein wichtiger Bestandteil islamischer Praktiken ist.

Ammar Ibn Sa'd berichtet, dass Jesus in einen Ort kam, dessen Bewohner alle tot auf den Straßen und vor ihren Häusern lagen. »Oh, meine Jünger«, rief er aus, »diese da haben offenbar den Zorn Gottes heraufbeschworen, denn sonst würden sie anständig begraben sein.«

»Oh, Geist Gottes«, flehten seine Jünger, »gibt uns Nachricht, was mit ihnen geschehen ist.«

Jesus rief Gott bei seinem Namen, worauf dieser sich ihm offenbarte und sagte, dass er, Jesus, die Bewohner nach Einbruch der Dunkelheit befragen solle, um Antwort zu erhalten. Als es Nacht wurde, stieg Jesus auf einen Hügel und sprach zu den Toten, worauf einer von ihnen antwortete: »Dir zu Diensten, o Geist Gottes.« Jesus fragte, was geschehen sei, und erhielt zur Antwort: »Wir verbrachten eine friedliche Nacht und fanden uns, als wir am Morgen erwachten, im Schlund der Hölle wieder.« Jesus fragte, warum. »Weil wir die Welt liebten«, lautete die Antwort, »und dem Geheiß der Sünder folgten.« »Wie habt ihr die Welt geliebt?«, verlangte Jesus zu wissen. »So wie ein Kind seine Mutter liebt«, lautete die Antwort. »Wenn sie zu uns kam, waren wir glücklich, und wenn sie ging, trauerten wir und weinten.« Daraufhin fragte Jesus: »Warum höre ich kein Wort von deinen Brüdern und Schwestern?« »Strenge und mitleidslose Engel haben ihre Münder mit rot glühenden Klammern versiegelt«, antwortete die Stimme. »Und warum kannst du sprechen?«, fragte Jesus. »Ich war keiner von ihnen, obwohl ich mich unter ihnen aufhielt«, erklärte der andere. »Und ich blieb unter ihnen, als die Strafe über sie kam. Jetzt befinde ich mich am Rand der Hölle und weiß nicht, ob ich Rettung erfahre oder ins Verderben gestoßen werde.« An dieser Stelle wandte sich Jesus seinen Jüngern zu und sagte: »Der Verzehr von Gerstenbrot mit Felssalz, ein Gewand aus Sackleinen und ein Bett im Elend ist mehr als genug, um das eigene Wohlergehen in dieser und der nächsten Welt zu sichern.«

al-Ghazali, Die Wiederbelebung der religiösen Wissenschaften

Die Furcht vor der Hölle sollte, so die Botschaft dieser Geschichte, zu einem einfachen, asketischen Lebenswandel motivieren. Heutige Leser wird dieses Wort sehr viel weniger ansprechen als die meisten anderen islamischen Jesuszitate.

Wehe dem, der diese Welt liebt und erkennt, dass er sterben und alles, was darin ist, aufgeben muss. Obwohl er von ihr getäuscht wird, vertraut er ihr; er verlässt sich auf sie und wird betrogen. Wehe den Betrogenen, wenn ihnen gezeigt wird, was sie verachten, wenn sie von dem, was sie lieben, im Stich gelassen werden, und erleiden müssen, was sie fürchten. Wehe allen, die sich um diese Welt sorgen und sündige Werke verrichten, denn für sie wird der Tag kommen, an dem sie ihrer Sünden wegen in Ungnade fallen.

al-Ghazali, Die Wiederbelebung der religiösen Wissenschaften

Wer würde auf den Wellen des Meeres bauen? Wie diese ist die Welt. Macht sie nicht zu eurem Ruheplatz.

al-Ghazali, Die Wiederbelebung der religiösen Wissenschaften 3, 201

Die Wellen des Meeres taugen als Fundament für ein Haus noch viel weniger als der sprichwörtliche Sand des kanonischen Gleichnisses. Der Spruch erinnert an die Grabinschrift des englischen Dichters John Keats: »Der hier liegt, sein Name war in Wasser geschrieben.«

Einige sagten zu Jesus: »Lehre uns, die Liebe Gottes zu gewinnen.« Jesus antwortete: »Verachtet die Welt, und Gott wird euch lieben.«

al-Ghazali, Die Wiederbelebung der religiösen Wissenschaften

Ihr, die Gemeinschaft der Apostel, begnügt euch mit einem bescheidenen Teil dieser Welt, auf das euer Glaube vollkommen sei. Denn wenn die Menschen dieser Welt mit einem kleinen Teil am Glauben zufrieden sind, wird ihnen diese Welt sicher sein.

al-Ghazali, Die Wiederbelebung der religiösen Wissenschaften 3, 154

Oh ihr, die ihr trachtet, in dieser Welt wohltätig zu wirken, es wäre wohltätiger, ihr sondertet euch von ihr ab.

al-Ghazali, Die Wiederbelebung der religiösen Wissenschaften

Das in den vorausgegangenen Sprüchen immer wiederkehrende Thema der Weltabkehr findet hier seinen Höhepunkt. Sich von der Welt zu lösen ist wichtiger, als gute Werke zu verrichten. Gleichwohl gilt die Nächstenliebe als die dritte Säule des Islam. In den *Hadithen* (den überlieferten Aussprüchen des Propheten) sagt Mohammed: »Wohltätigkeit ist eine Notwendigkeit für jeden Muslim.« Das hier zitierte Jesuswort steht im krassen Widerspruch dazu, was vielleicht darauf schließen lässt, dass es aus einer vorislamischen Quelle stammt (obwohl die Caritas auch in der christlichen Tradition eine große Rolle spielt).

Die Welt und das Jenseits sind wie zwei Frauen, denen ein Mann gleichzeitig gefallen will; was die eine zufrieden stellt, verstimmt die andere.

al-Ghazali, Die Wiederbelebung der religiösen Wissenschaften

Ein Mann, der zwei Frauen gleichzeitig zu gefallen versucht, ist in der jüdischen und christlichen Tradition eine fremde Vorstellung (obwohl in der Realität nicht unbekannt) – nicht so im islamischen Kontext.

Diese Welt ist eine Brücke. Überquere sie und verweile nicht darauf.

al-Ghazali, Die Wiederbelebung der religiösen Wissenschaften 4, 218

Von allen muslimischen Spruchweisheiten hatte diese am meisten aufmerken lassen als ein aller Wahrscheinlichkeit nach authentisches Jesuswort. Es fehlt allerdings jeder Hinweis darauf, dass es im antiken Palästina Brücken gab, was als Haupteinwand gegen die fragliche Authentizität dieses Wortes angeführt wird. Es wird jedoch in den angrenzenden Gebieten sehr wohl Brücken gegeben haben, und es fällt schwer zu glauben, dass Flüsse nicht zumindest auf provisorische Art und Weise überbrückt worden waren. Dieses Wort steht eingemeißelt über dem Portal der Moschee von

Fatehpur Sikri, einer indischen Stadt in der Nähe von Agra.

Jesus pflegte zu sagen: »Mein Befinden ist Hunger, mein inneres Gewand ist Furcht, mein äußeres Wolle. Des Winters wärme ich mich an der Sonne; der Mond ist meine Kerze; mein Fortbewegungsmittel sind meine Füße; die Früchte der Erde sind meine Speise; ich besitze nichts, weder abends noch am Morgen, und doch ist niemand reicher, als ich es bin.«

al-Ghazali, Die Wiederbelebung der religiösen Wissenschaften 3, 159

Die Techniken der Askese werden häufig als Ablehnung dargestellt. Hier aber erfreut sich Jesus an der Einfachheit seines Lebens.

Die Welt wurde Jesus in Gestalt einer alten, auffällig geschmückten Frau mit faulen Zähnen offenbart. »Wie viele Ehemänner hattest du?«, fragte er. Sie antwortete: »Ich kann sie nicht zählen.« Er sagte: »Hast du sie alle überlebt oder ließen sie sich von dir scheiden?« Sie erwiderte: »Nein, ich habe sie alle getötet.« Jesus sprach: »Wehe deinen verbliebenen Gatten! Warum bedenken sie nicht das Schicksal deiner früheren Männer? Du hast einen nach dem anderen getötet, und doch nehmen sich die jetzigen nicht vor dir in Acht.«

al-Ghazali, Die Wiederbelebung der religiösen Wissenschaften 3, 161

Das Schicksal der Sterblichkeit wird hier personifiziert durch eine alte Frau, die ihre Ehemänner tötet. Umso törichter erscheint vor diesem Bild, dass wir uns durch

Nebensächlichkeiten von unseren spirituellen Zielen abbringen lassen.

Wahrlich, ich sage euch, so wie der Kranke nach Speise verlangt, sie aber aufgrund seiner Schmerzen nicht genießen kann, so findet auch der Mensch dieser Welt keinen Gefallen an der Anbetung Gottes, noch schmeckt er die Süße der Liebe, die er für die Welt empfindet. Und wahrlich, ich sage euch, so wie ein Lasttier, das, wenn ungebändigt und nicht erzogen, störrisch und launenhaft wird, so wird auch ein Herz hart und grob, das nicht durch Gedanken an den Tod erweicht und durch Andacht müde gemacht wurde. Und wahrlich, ich sage euch, wie eine Flasche, sofern sie nicht gesprungen oder trocken ist, Honig zu fassen vermag, so kann auch das Herz ein Gefäß für Weisheit sein, wenn es weder von Leidenschaft zerrissen noch von Lust besudelt oder durch Bequemlichkeit verhärtet wurde.

al-Ghazali, Die Wiederbelebung der religiösen Wissenschaften 3, 161

Welcher nach dieser Welt strebt, ist wie jemand, der Salzwasser trinkt; je mehr er trinkt, desto durstiger wird er, bis er daran zugrunde geht.

al-Ghazali, Die Wiederbelebung der religiösen Wissenschaften

Dies ist eine sehr eindrückliche Metapher, und manche Kommentatoren vertreten die Ansicht, dass sie auf Jesus zurückgehen könnte.

Die Apostel fragten Jesus: »Wie ist es möglich, dass du auf dem Wasser wandeln kannst, wir aber nicht?« Er antwortete ihnen: »Was gelten eurer Meinung nach der Dinar und der Dirham?« Sie sagten: »Sie sind kostbar.« Er aber sagte: »Für mich sind sie nur Schmutz.«

al-Ghazali, Die Wiederbelebung der religiösen Wissenschaften 3, 175

Die Fähigkeit, auf Wasser zu wandeln, wird in diesem Ausspruch gleichgesetzt mit der Umwertung weltlicher Werte.

Jesus sagte: »Reichtum birgt dreierlei Gefahr. Zum einen stammt er womöglich aus unlauterer Quelle.« »Und was, wenn er aus rechtmäßiger Quelle stammt?«, fragten sie ihn. Er antwortete: »Dann ist er vielleicht einem unwürdigen Menschen zugefallen.« »Und wenn er einem zufiel, der ihn verdient?« Er antwortete: »Seine Verfügung darüber kann ihn von Gott ablenken.«

al-Ghazali, Die Wiederbelebung der religiösen Wissenschaften 3, 178

»Legt euch einen Vorrat an, der nicht den Flammen zum Opfer fallen kann.« Sie fragten: »Was wäre das?« Er antwortete: »Barmherzigkeit.«

Im Thomasevangelium (Vers 76) und an entsprechenden Stellen der kanonischen Evangelien wird der vor Zerstörung oder Verfall geschützte Schatz nicht explizit genannt.

Falsche Gelehrte, ihr, die ihr fastet und betet und Almosen spendet, aber nicht tut, was euch aufgetragen ist, und in euren Taten abweicht von euren Lehren. Euer Urteil ist vom Übel! Ihr bereut in Worten und Vorspiegelungen, verhaltet euch aber nach eurer Lust. Es nützt nichts, dass ihr eure Haut wascht, wenn euer Herz beschmutzt ist. Wahrlich, ich sage euch, seid nicht wie ein Sieb, das das gute Korn aussondert und die Spreu behält. Aber so seid ihr: Eure Lippen sprechen das Wahre aus, doch das Üble bleibt in euren Herzen. Ihr seid Sklaven dieser Welt. Wie will ein solcher, der dieser Welt anhängt und ihr verfallen ist, das Jenseits gewinnen? Wahrlich, ich sage euch, eure Herzen werden Tränen vergießen über eure Taten. Ihr führt die Welt auf der Zunge und tretet mit den Füßen auf das, was Not tut. Wahrlich, ich sage euch, ihr habt eure Zukunft verwirkt, denn das Wohlergehen in dieser Welt ist euch kostbarer als das Wohlergehen in den nächsten. Wer wäre unglücklicher als ihr es seid, wenn ihr's nur wüsstet? Wehe euch! Wie lange noch wollt ihr denen, die es ernst meinen, den Weg zeigen, während ihr selbst auf der Stelle tretet, als wärt ihr wirr im Kopf, den Menschen aber empfehlt, euch die Welt zu überlassen? Wehe euch! Was nützt einem dunkeln Haus eine Lampe auf dem Dach, wenn es im Inneren dunkeln bleibt? Ebenso wenig nützt es euch, wenn ihr das Licht der Welt auf den Lippen tragt, nicht aber in euren Herzen. Ihr seid Sklaven dieser Welt, ungläubig zudem und ehrlos. Bald wird man euch bei den Wurzeln ausreißen und aufs Gesicht werfen; eure Sünden werden euch beim Schopf packen und von hinten stoßen; schließlich werden sie euch nackt und bloß dem königlichen Richter überstellen. Der wird euch dann eure Verdorbenheit vor Augen führen und büßen lassen für eure bösen Taten.

al-Ghazali, Die Wiederbelebung der religiösen Wissenschaften 3, 198

Jesus sagte zu seinen Jüngern: »Wenn immer jemand von euch fastet, sollte er sich die Haare, das Gesicht und die Lippen mit Fett beschmieren, damit niemand erkennt, dass er fastet; und wenn er mit der rechten Hand gibt, soll seine linke Hand nicht wissen, was die rechte tut; und wenn er betet, soll er einen Vorhang vor die Tür ziehen; denn Gott spendet seinen Segen so, wie er den Tieren Nahrung zuteilt.«

al-Ghazali, Die Wiederbelebung der religiösen Wissenschaften

> Im Matthäusevangelium, Kapitel 6, Vers 3, sagt Jesus: »Wenn du Almosen gibst, lass deine linke Hand nicht wissen, was die rechte tut.« Für Muslime, die mit der rechten Hand essen und eine Moschee mit dem rechten Fuß betreten, ist die Bedeutung dieses Ausspruchs unmittelbar einleuchtend.

Gesegnet ist, wer sich von Gott durch Sein Buch unterweisen lässt und nicht hochmütig stirbt.

al-Ghazali, Die Wiederbelebung der religiösen Wissenschaften 3, 256

Gott offenbarte Jesus: »Wenn ich dich segne, so empfange meinen Segen mit demütiger Dankbarkeit, und ich werde dich mit meiner ganzen Freigebigkeit belohnen.

al-Ghazali, Die Wiederbelebung der religiösen Wissenschaften

Dies ist streng genommen kein Jesuswort, sondern ein Wort Gottes, hätte aber auch von Jesus stammen können.

Christus sagte: «Das Schilfgras wächst in der Ebene, nicht aber auf Fels. So wirkt auch Weisheit nur im Herzen der Demütigen, nicht aber im Herzen der Stolzen. Seht ihr nicht, dass ein Mensch, der stolz erhobenen Hauptes einhergeht, mit dem Kopf ans Dach stößt, während es jenen, die gebeugt sind, Obdach bietet.

al-Ghazali, Die Wiederbelebung der religiösen Wissenschaften 3, 261

Das Bild eines Menschen, der sich aufgrund seines Stolzes den Kopf stößt, anstatt ihn in Demut zu senken und Obdach zu finden, klingt in seiner Poesie sehr jesuanisch. Es lässt sich nicht feststellen, ob dieses Wort dem islamischen Kontext zeitlich vorausgeht, doch wie viele andere islamische Spruchweisheiten gleicht auch diese der Stimme Jesu aus den Evangelien.

Schöne Kleider zeugen von einem stolzen Herzen.

al-Ghazali, Die Wiederbelebung der religiösen Wissenschaften 3, 261

Die Gegenüberstellung von äußerlicher Erscheinung und innerer Qualität ist typisch für Jesusworte. Wer wollte leugnen, dass Mode eng verknüpft ist mit persönlichem Stolz und Eitelkeit? Der muslimische Jesus äußert sich in diesem Sinne unmissverständlich.

Warum kommt ihr in Mönchsgewändern zu mir, wenn eure Herzen doch die Herzen gefräßiger Wölfe sind? Kleidet euch wie Könige, und demütigt eure Herzen mit Furcht.

al-Ghazali, Die Wiederbelebung der religiösen Wissenschaften

Von Königen erwartet man eigentlich weniger Spiritualität als von Mönchen, doch dieses Wort kehrt diese allgemeine Vorstellung um und empfiehlt das Tragen von Königsstaat anstelle von Mönchsgewändern. Die Priesterschaft war schon immer korrupt; der lustvolle Mönch oder machthungrige Bischof sind vertraute Gestalten. Hier repräsentiert die Figur des Königs das, was wahrhaft edel und göttlich in uns ist.

Es wird erzählt, dass unter den Kindern Israels ein Räuber lebte, der vierzig Jahre lang die Straßen unsicher machte. Als dieser Jesus in Begleitung eines frommen Israeliten, der ein Apostel war, erblickte, sagte der Räuber zu sich: »Da ist der Prophet Gottes mit einem seiner Apostel. Was, wenn ich mich ihnen anschlösse?« Er trat aus seinem Versteck hervor und ging auf den Apostel zu. Weil er sich selbst verachtete, erschien ihm der Apostel umso größer, und darum glaubte er, er sei nicht würdig, an der Seite dieses rechtschaffenen Mannes zu gehen. Der Apostel erblickte ihn und dachte bei sich: »Sollte ein solcher Mann an meiner Seite gehen?« Er raffte seine Kleider, folgte Jesus und ließ und den Räuber hinter sich zurück. Da sprach Gott zu Jesus: »Sag deinen Jüngern, sie sollen von vorn beginnen, denn ihre Taten gelten nichts mehr. Der Dünkel deines Begleiters hat ihre guten Werke aufgehoben, so wie die schlechten Werke der anderen dank der Demut dieses Mannes getilgt wurden.«

Jesus berichtete seinen Jüngern davon, nahm den Räuber in seine Pilgergemeinschaft auf und machte ihn zu einem seiner Jünger.

al-Ghazali, Die Wiederbelebung der religiösen Wissenschaften 4, 120

Vielleicht ist mit dem Räuber der Apostel Paulus gemeint. Paulus galt manchen jüdisch-christlichen Gruppen als Feind. Es könnte sein, dass der Islam Kenntnis von einigen jüdisch-christlichen Texten wie etwa von den Pseudo-Klementinen hatte.

Ihr Apostel fürchtet die Überschreitung der Gesetze, wir aber, die Propheten, fürchten den Unglauben.

al-Ghazali, Die Wiederbelebung der religiösen Wissenschaften 4, 135

Ihr, die Gemeinschaft der Apostel, [lasst euch sagen,] Gottesfurcht und die Liebe zum Paradies machen Anfechtungen erträglich und entfremden den Menschen von der Welt. Wahrlich, ich sage euch, es ist ein Geringes, auf der Suche nach dem Paradies Gerstenbrot zu essen und mit den Hunden auf einem Misthaufen zu schlafen.

al-Ghazali, Die Wiederbelebung der religiösen Wissenschaften 4, 143

Christus kam auf seinen Wanderungen an einem schlafenden Mann vorbei, der in einen Mantel gewickelt war. Er weckte ihn und sagte: »Schläfer, steh auf und preise Gott!« Der Mann entgegnete: »Was willst du von mir? Wahrlich, ich habe denen, die von der Welt sind, die Welt überlassen.« Und Jesus sagte zu ihnen: »Dann schlaf weiter, geliebter Freund.«

al-Ghazali, Die Wiederbelebung der religiösen Wissenschaften 4, 152

Achtet nicht auf den Reichtum der Herren dieser Welt, denn der Glanz ihrer Schätze nimmt ihnen das Licht des Glaubens.

al-Ghazali, Die Wiederbelebung der religiösen Wissenschaften 4, 157

Vier Dinge lassen sich nur durch harte Arbeit erwerben: Ruhe, mit der wahre Andacht beginnt, Demut, andauerndes Gebet und Armut.

al-Ghazali, Die Wiederbelebung der religiösen Wissenschaften 4, 173

Während Andacht, Demut und Gebet durchaus Anstrengung erfordern, wird Armut für gewöhnlich nicht mit harter Arbeit in Verbindung gebracht. Die hier angesprochene Armut ist die vom Pilger bewusst in Kauf genommene und nicht diejenige, die den Hilflosen wider Willen trifft.

Jesus führte immer nur einen Kamm und einen Krug mit sich. Als er einmal einen Mann sah, der seinen Bart mit den Fingern kämmte, warf er seinen Kamm fort, und als er eines anderen Tages einen Mann sah, der aus einem Fluss Wasser mit den Händen schöpfte, entledigte er sich auch seines Krugs.

al-Ghazali, Die Wiederbelebung der religiösen Wissenschaften 4, 182

Das ist ein gutes Beispiel für Armut, die Anstrengung erfordert.

Jesus wurde gefragt: »Warum kaufst du dir keinen Reitesel?« Er antwortete: »Ich bin meinem Gott zu kostbar, als dass Er es zuließe, dass ein Esel meine Gedanken an Ihn störte.«

al-Ghazali, Die Wiederbelebung der religiösen Wissenschaften 4, 256

Jesus begegnete einem Mann, der war blind, leprakrank, verkrüppelt, auf beiden Seiten gelähmt und von einer Krankheit entstellt. Doch er sagte: »Gelobt sei Gott, der mich bewahrt hat vor der Drangsal, an der so viele andere seiner Geschöpfe leiden.« Jesus fragte: »Meister, von welcher Drangsal sprichst du, die dir erspart blieb?« Er antwortete: »Oh, Geist Gottes, ich bin besser dran als jene, in deren Herzen Gott nicht das Wissen um ihn gepflanzt hat, so wie er es in meines gepflanzt hat.« Jesus sagte: »Du hast wahr gesprochen. Gib mir deine Hand.« Er gab ihm seine Hand und war augenblicklich der schönste und reinste aller Männer, denn Gott hatte ihn von seinen Leiden geheilt. Er folgte Jesus nach und hielt Andacht mit ihm.

al-Ghazali, Die Wiederbelebung der religiösen Wissenschaften 4, 272

Diese Geschichte könnte als ein Heilwunder gelesen werden, denn der blinde, verkrüppelte, gelähmte und entstellte Mann wird am Ende geheilt. Doch das ist nicht der Kern der Aussage. Der Mann ist bereits kraft seines Wissens um Gott erlöst. Seine Gesundung vollzieht sich gleichsam beiläufig.

Jesus fragte die Kinder Israels: »Wo geht die Saat auf?« Sie antworteten: »Im Erdboden.« Er sagte: »Wahrlich, ich sage euch, so gedeiht die Weisheit auch nur in einem Herzen, das so fruchtbar ist wie die Erde.«

al-Ghazali, Die Wiederbelebung der religiösen Wissenschaften 4, 279

Gott offenbarte Jesus: »Wenn ich des Menschen Herz erforsche und darin weder Liebe zu dieser Welt noch zur nächsten finde, werde ich es mit der Liebe zu mir füllen und stets darüber wachen.«

al-Ghazali, Die Wiederbelebung der religiösen Wissenschaften 4, 281

Jesus wurde gefragt: »Welches ist das beste aller Werke?« Er antwortete: »Hingabe an Gott und die Liebe zu ihm.«

al-Ghazali, Die Wiederbelebung der religiösen Wissenschaften

Sie fragten: »Was müssen wir tun, um gottgefällige Werke zu verrichten?« Jesus antwortete ihnen: »Es ist Gottes Werk, dass ihr an den glaubt, den er gesandt hat.«

al-Ghazali, Die Wiederbelebung der religiösen Wissenschaften

Gesegnet ist das Auge, das schläft, nichts Böses denkt und in Sündlosigkeit erwacht.

al-Ghazali, Die Wiederbelebung der religiösen Wissenschaften 4, 284

Die Apostel fragten Jesus: »Welche Handlung ist gerecht?« Er antwortete: »Diejenige, die um Gottes willen erbracht wird und nicht darauf abzielt, das Lob der anderen zu gewinnen.«

al-Ghazali, Die Wiederbelebung der religiösen Wissenschaften 4, 298

Es gibt dreierlei Handlungen – solche, die unzweifelhaft gut sind und erbracht werden sollten; solche, die unzweifelhaft schlecht und zu vermeiden sind; und solche, die fraglich und darum denen zu überlassen sind, die Bescheid wissen.

al-Ghazali, Die Wiederbelebung der religiösen Wissenschaften 4, 313

Jesus klingt hier sehr muslimisch, da er den hoch entwickelten Rechtsschulen des Islam die Entscheidung in fragwürdigen Fällen überlässt.

Nach Ta'us fragten die Apostel Jesus: »Ist hier auf Erden ein Zweiter wie du?« Er antwortete: »Ja, jedweder, der ein Gebet für seine Rede, innere Einkehr für sein Schweigen und Tränen für seine Visionen hat; ein solcher ist wie ich.«

al-Ghazali, Die Wiederbelebung der religiösen Wissenschaften 4, 332

Es wird berichtet, dass sich Jesus einmal neben einen alten Mann gesetzt hatte, der mit einer Schaufel eine Grube aushob. Jesus sagte: »Herr im Himmel, nimm ihm seine Hoffnung«, worauf der Alte die Schaufel aus der Hand gab und sich niederlegte. Als eine Stunde verstrichen war, sagte Jesus: »Herr im Himmel, gib ihm wieder Hoffnung.« Daraufhin erhob sich der Alte und machte sich wieder an die Arbeit. Und als Jesus wissen wollte, was ihm widerfahren sei, antwortete dieser: »Als ich arbeitete, fragte mich meine Seele, ›Wie lange willst du dich noch plagen, alt, wie du bist?‹ Also ließ ich meine Schaufel fallen und legte mich hin. Dann aber meldete sich wieder meine Seele mit den Worten, ›Bei Gott, du musst nutzen, was dir an Zeit verbleibt.‹ Also stand ich auf und nahm die Schaufel wieder zur Hand.«

al-Ghazali, Die Wiederbelebung der religiösen Wissenschaften

Ein bekanntes Sprichwort der Sufis, dass auch in der westlichen Welt geschätzt wird, lautet: »Auch das wird vergehen.« Vielleicht soll diese Geschichte der nicht gerade freundlichen Manipulation des alten Mannes durch Jesus die Wechselhaftigkeit unserer Gedanken veranschaulichen.

Sorge dich nicht, wessen du morgen bedarfst, denn wenn du morgen noch lebst, wirst du es wissen, wenn nicht, ist alle Sorge hinfällig.

al-Ghazali, Die Wiederbelebung der religiösen Wissenschaften

Ihr, die Gemeinschaft der Apostel, betet zu Gott, dass dieser Kelch leicht für mich sei; denn ich fürchte den Tod mit Schrecken, die Todesqualen gleichen.

al-Ghazali, Die Wiederbelebung der religiösen Wissenschaften 4, 362

Das ist eine Variante des Ausrufs Jesu im Garten Gethsemane.

Wie viele Menschen mit gesundem Körper, edlem Antlitz und geübter Zunge werden morgen elendiglich in der Hölle schmachten!

al-Ghazali, Die Wiederbelebung der religiösen Wissenschaften

In seinen *Robaiyat* (Vierzeilern) äußert Omar Chayyam einen ähnlichen Gedanken:

Doch alle Heiligen und Weisen, die so weise
von den zwei Welten sprachen – sie werden
verworfen
wie törichte Propheten; ihre Zornesworte werden
versprengt und ihre Münder voller Staub sein.

Dass ihr von mir seid, wird man daran erkennen, dass ihr einander liebt. *Asin* 130, in: *Robson*, S. 54

Und Jesus sagte auch zu seinem Jünger Joshua: »Liebe den Herrn aus ganzem Herzen, und liebe deinen Nächsten wie dich selbst.«

Die Jünger erwiderten: »Erkläre uns, oh Geist Gottes, wie sich die Liebe zu Gott und dem Nächsten unterscheiden, damit wir vorbereitet sind und beides klar voneinander trennen können.« Jesus sprach: »Ihr liebt den Freund um eurer selbst willen, und ihr liebt euch selbst um des Herrn willen; wenn ihr also euren Freund beschützt, so beschützt ihr euch selbst, und wenn ihr euch selbst Gutes tut, so leistet ihr auch Gutes am Herrn.« *Asin* 130, in: *Robson*, S. 54

In keiner der anderen Überlieferung ist von einem Jesusjünger namens Joshua die Rede. Die Namen Joshua und Jesus sind tatsächlich identisch.

Der Messias (Gott segne ihn und schenke ihm Frieden!) begegnete einer Menge der Kinder Israels, die weinten, und er fragte sie: »Warum weint ihr?« Sie antworteten: »Wir weinen wegen unserer Sünden.« Darauf sagte er: »Lasst davon ab, sie sind euch vergeben.« *Asin* 119, in: *Robson*, S. 52

Auch im Islam trägt Jesus den Titel Messias, der dort aber weniger bedeutend ist als im Christentum.

Sie sahen ihn aus einem Hurenhaus kommen, worauf manche fragten: »Oh Geist Gottes, was hast du mit diesen Frauen zu schaffen?« Er antwortete: »Der Arzt besucht nur die Kranken.« *Asin* 104, in: *Robson*, S. 50

Eine recht saloppe Antwort Jesu, der auch mit Sündern und Steuereintreiber verkehrt.

Wahrlich, wenn ihr Wünschenswertes zu erlangen sucht, bedürft ihr der Geduld, mit der Unerwünschtes zu ertragen ist. *Asin* 64, in: *Robson*, S. 47

Ein durchaus praktischer Rat, der sich auf viele menschliche Bemühungen anwenden lässt.

Weitere Überlieferungen, Fiktionen und Fälschungen

Einführung in die weiteren Überlieferungen, Fiktionen und Fälschungen

Dieses Buch enthält auch Worte und Schriften über Jesus, die in keine der vier Kategorien – christlich, jüdisch, gnostisch und islamisch – fallen. Die Quellen stammen aus Ländern, die wir für gewöhnlich nicht mit dem Christentum verbinden; unter anderem wird aus Texten des 20. und 21. Jahrhunderts zitiert. Der Manichäismus, eine Religion mit gnostischen Ursprüngen und einer interessanten Haltung zu Jesus, war in einem Gebiet verbreitet, das von Spanien bis China reichte. Die Mandäer, die ebenfalls auf gnostische Wurzeln zurückgehen, unterhalten noch heute Gemeinden im Irak und Iran. Chinesische christliche Texte, die so genannten Jesus-Sutras, sind in Fachkreisen seit Anfang des 20. Jahrhunderts bekannt, aber erst in den vergangenen Jahren auch Laien zugänglich geworden. Sie bieten einen faszinierenden Einblick in eine christliche Vorstellungswelt, die sich in einer vom westlichen Christentum gänzlich verschiedenen Kultur entwickelt hat.

Zu den im 20. Jahrhundert entdeckten Evangelienbruchstücken zählt auch das Geheime Evangelium des Markus, das Morton Smith im Kloster Mar Saba nahe Jerusalem entdeckt haben will. Bemerkenswert ist, dass in diesem Fragment Jesus überhaupt nicht zu Wort kommt. In seinem kürzlich erschienenen Buch *The Gospel Hoax* weist Stephen C. Carlson unzweifelhaft nach, dass das lange Zeit umstrittene Geheime Evangelium des Markus eine Fälschung von Smith ist – wie so manche andere akademische Elaborate und satirischen Streiche.

Wie gesehen, gibt es eine Fülle von wenig bekanntem Material über Jesus, von dem ein Großteil im vergangenen Jahrhundert aufgetaucht ist, darunter eben auch etliche Fälschungen vermeintlich antiker Texte. Darüber hinaus traten in einer zunehmend säkularen Welt Autoren auf dem Plan, die das Leben Jesu kreativ ausschmückten und ihm neue Worte in den Mund legten. Manche dieser modernen Schöpfungen geben sich als Fiktionen offen zu erkennen, andere entspringen einem tief empfundenen Glauben, wiederum andere sind schlichtweg Fälschungen. Keine von ihnen liefert den Beleg eines Originaltextes.

Weitere Überlieferungen, Fiktionen und Fälschungen

Selig sind, die an mich glauben, ohne mich mit eigenen Augen gesehen zu haben. Denn es steht von mir geschrieben, dass diejenigen, die mich gesehen haben, nicht an mich glauben, und jene, die mich nicht gesehen haben, an mich glauben und leben werden. Doch nun zu dem Brief, in dem du mich bittest, zu dir zu kommen. Es ist unumgänglich, dass ich erfülle, wozu ich gesandt bin, und nach der Erfüllung dessen zurückkehre zu dem, der mich gesandt hat. Wenn ich zurückkehre, werde ich dir einen meiner Jünger schicken, der deine Krankheit heilt und dir wie auch denen, die mit dir sind, Leben schenkt.

Brief von Jesus an Abgar

Der Briefwechsel zwischen Jesus und Abgar ist eine Fälschung, die in der Kirchengeschichte des Eusebius aus dem vierten Jahrhundert erstmals erwähnt wird. Abgar war im ersten Jahrhundert König von Edessa. Der Jesusbrief ist angeblich die Antwort auf eine Einladung an den syrischen Hof mit der Bitte, den König zu heilen.

Kopien des Briefs wurden als magische Schutzamulette über Haustüren geheftet.

Ich bin der wahre Gott. Ich wurde von meinem Vater hierher geschickt. Ich bin der erste und der letzte Gesandte. Ich bin der Vater, der Sohn und der Heilige Geist. Ich kam aus Nazareth.

Ginza (Sidra Rabba)

Diese Aussagen Jesu, der in diesem Text Nbu (Quecksilber) Christ heißt, klingen für sich genommen durchaus vertraut, doch ihr Kontext schildert Jesus als einen Verführer, der das Volk der Juden mit Hexerei und falschen Riten in die Irre führt. Ginza bedeutet »Schatz« und ist eine der heiligen Schriften der Mandäer.

◆ Die Mandäer sind die einzigen Gnostiker, die ihre bis auf die Antike zurückreichenden Traditionen bis heute bewahren konnten. Sie unterhalten Gemeinden im Irak, im Iran und in Nordamerika, wohin etliche Mitglieder in jüngster Zeit ausgewandert sind. Sie pflegen ihre Traditionen, ihre Sprache und Literatur. Die hier wiedergegebenen Zitate hätten auch in das Kapitel über gnostische Logien eingefügt werden können, doch weil wir über die Ursprünge und Entwicklung der Mandäer nur wenig wissen, erschien es geeigneter, sie in diesem Abschnitt zu Wort kommen zu lassen. Für die Mandäer hat Johannes der Täufer eine herausragende Bedeutung; er wird aber nicht als ihr Gründer betrachtet. Jesus, so glauben sie, »pervertierte die Tora« und korrumpierte die Lehren des Täufers. Diese Abwertung der Rolle Jesu ist ebenso radikal wie die gnostische Vorstellung, der Gott der jüdischen

Bibel sei Yaldabaoth, der unwissende Schöpfer dieser Welt.

Kommt und seht, ich bin jemand, der von den Toten erweckt, wiederauferstehen lässt und erlöst. Ich bin Anosh der Nazarener.

Ginza

Seht, das Himmelreich ist in uns, und seht, es ist außerhalb unserer selbst. Wenn wir daran glauben, werden wir ewig darin leben.

Manichäisches Psalmbuch 160, 20-21

Auch im Thomasevangelium ist (im Vers 3) davon die Rede, dass das Himmelreich in uns und außerhalb von uns ist. Viele Jesusworte aus der manichäischen Literatur ähneln den Sprüchen des Thomasevangeliums, das die Manichäer zweifellos kannten. Zwischen Mani und der antiken syrischen Stadt Edessa, in der viele Traditionen an den Apostel Thomas anknüpften, gab es enge Beziehungen.

◆ Mani, der Begründer der manichäischen Religion, war eine in Mesopotamien geborene, einflussreiche Gestalt des dritten Jahrhunderts. Er verstand das Christentum, den Buddhismus und Zoroastrismus als göttliche Offenbarungen, hielt sie aber für korrumpiert. Der Manichäismus überdauerte als Religion mehr als tausend Jahre und verbreitete sich, obwohl im mittleren Osten beheimatet, bis nach Frankreich und Spanien im Westen und China im Osten, weshalb er in Gelehrtenkreisen als Weltreligion bezeichnet wurde. Manichäische Texte, von denen viele noch unveröffentlicht sind, wurden in vielen Sprachen verfasst, darunter in Koptisch. Der Begriff Manichäismus steht im heutigen Sprachgebrauch für alle Arten dualistischer Lehren.

Gesegnet ist, wer seine eigene Seele kennt.

Thomaspsalmen 13, 19-20

Bereut, und ich werde euch eure Sünden vergeben.

Manichäisches Psalmbuch 239, 19-22

Wer stirbt, wird leben, wer sich selbst erniedrigt, wird erhöht werden.

Manichäisches Psalmbuch 273, 10-11

Simon sprach und sagte: »Wir kannten die Wahrheit nicht – und bedürfen der Erlösung.«

Der Messias erwiderte: »Recht so. Alles, was existiert, bedarf der Wahrheit. Und jeder Mensch kann finden, was unter der Oberfläche liegt – so tief vergraben, dass wir es mit unseren Augen nicht sehen.«

Jesus-Sutras: Die dritte liturgische Sutra 1, 4-6

Aus diesen fernöstlichen Zeilen spricht der Jesus, den wir kennen.

- Die als Jesus-Sutras bezeichneten taoistisch-christlichen Schriften wurden 1907 in China entdeckt und in den dreißiger Jahren veröffentlicht, gerieten dann aber in Vergessenheit. Der Jesus dieser Texte erscheint vollständig »orientalisiert«; gleichwohl stehen seine Lebensdaten und Lehren in Übereinstimmung mit den christlichen Evangelien. Die Texte gehen bis auf das achte Jahrhundert zurück.

Keiner hat Gott gesehen. Niemand vermag Gott zu sehen. Wahrlich, Gott ist wie der Wind. Wer könnte den Wind sehen? Gott steht nicht still, er bewegt sich unablässig auf der Erde. Er ist alles und überall.

Jesus-Sutras: Die vierte Sutra (Die Sutra Jesu Christi) 1, 5

Die Sutra von Jesus Christus besteht aus einer einzigen, langen Rede. Der Vergleich Gottes mit dem Wind entspringt vielleicht dem mehrdeutigen griechischen Begriff *pneuma*, der sowohl »Wind« als auch »Geist« bedeuten kann. So heißt es im Johannesevangelium, Kapitel 3, Vers 8: »Der Wind/Geist weht nach Belieben; wohl hörst du sein Sausen, weist aber nicht, woher er kommt und wohin er geht. So ist es mit allem, das aus dem Geist/Wind entstanden ist.«

Darum schickten sie die Leviten und einige der Schriftgelehrten, um ihn zu fragen: »Wer bist du?«

Jesus gab ihnen Antwort und sagte der Wahrheit entsprechend: »Der Messias bin ich nicht.«

Sie sprachen: »Bist du Elia oder Jeremia oder einer der alten Propheten?«

Jesus antwortete: »Nein.«

Darauf fragten sie: »Wer bist du? Sprich, damit wir denen, die uns schickten, Zeugnis geben können.«

Jesus sagte: »Ich bin eine Stimme, die durch ganz Judäa schallt und ruft: ›Bereitet dem Gesandten des Herrn den Weg‹, denn so steht es bei Jesaja geschrieben.«

Sie erwiderten: »Wenn du weder der Messias noch Elia oder irgendein anderer der Propheten bist, warum verbreitest du dann neue Lehren und gibst dich als der Messias aus?«

Jesus antwortete: »Die Wunder, die Gott durch meine Hände tut, zeigen, dass ich mit meinen Worten Gottes Willen erfülle. Ich betrachte mich gewiss nicht als den, von dem ihr sprecht. Denn ich bin es nicht wert, dass ich die Senkel oder Schnallen der Schuhe des Gesandten Gottes löse, den ihr ›Messias‹ nennt und der vor mir war und nach mir kommen wird, um der Welt die Wahrheit zu bringen, damit der Glaube an ihn kein Ende hat.« Barnabasevangelium 42

Jesus bestreitet hier, der Messias zu sein, und stellt sich auf eine Stufe mit Mohammed oder dem Täufer Johannes. Im Islam wird Jesus jedoch als Messias angesehen, wobei dieser Begriff für Muslime allerdings eine andere Bedeutung hat als für Juden und Christen.

◆ Wie gesehen, kennt der Islam eine sehr umfangreiche Überlieferung von Jesusworten, die nicht weniger zuverlässig sind als die historisch ungesicherten Logien der kanonischen Evangelien. Das Barnabasevangelium ist jedoch eine islamische Fälschung, eine Erfindung des Mittelalters, von der behauptet wurde, sie sei ein verschollenes Evangelium. Den Text prägt eine erkennbar islamische Sicht auf Jesus, er ist im Islam immer noch recht beliebt – so wie auch andere Fälschungen, die in diesem Kapitel angeführt werden, im Westen durchaus populär sind. Wir können die Möglichkeit nicht ausschließen, dass das Barnabasevangelium stellenweise aus älteren Überlieferungen schöpft.

Ein Mann schenkte seinen Feinden besten Wein ein, und erst als der Wein zur Neige ging, gab er seinem Herrn davon zu trinken. Wie, glaubt ihr, wird der Herr seinen Knecht behandeln, wenn er davon erfährt und dieser vor ihm steht? Gewiss wird er ihn in seiner Empörung züchtigen und den Gesetzen der Welt entsprechend bestrafen. Barnabasevangelium 111

Der Form nach entspricht diese Parabel den Gleichnissen Jesu. Allerdings sind in den außerkanonischen Logien wie in der christlichen Literatur überhaupt nur wenige Gleichnisse zu finden. Unmittelbar auf das hier wiedergegebene Gleichnis folgt eine sehr explizite Deutung, die die Wirkung dieses Gleichnisses abschwächt. Dass der Knecht seinem Herrn den Bodensatz zumutet, ist eben jene unerwartete Wendung, die wir auch aus den Gleichnissen Jesu kennen.

Es begab sich, dass Jesus die Stadt verließ und mit seinen Jüngern durchs Gebirge wanderte. Sie kamen an einen Berg, und der Pfad, der zum Gipfel führte, war sehr steil. Sie begegneten einem Mann mit einem Maultier, das unter der Bürde seiner Last zusammengebrochen und blutig geschlagen worden war. Jesus trat auf den Mann zu und sagte: »Warum schlägst du dein Tier? Siehst du nicht, dass es zu schwach ist für diese Last und Schmerzen leidet?« Der Mann aber antwortete und sprach: »Was kümmert's dich? Ich kann das Tier schlagen, wie ich will, denn es steht in meinem Besitz und ich habe eine gute Summe Geldes dafür gezahlt. Frag die, die mit dir sind, denn sie kennen mich und wissen um den Handel.« Einer der Jünger bestätigte: »Ja, Herr, es ist so, wie er sagt.« Der Herr aber sagte: »Seht ihr nicht, wie es blutet, und hört ihr nicht sein Wehgeschrei?« Die Jünger antworteten: »Nein, Herr, wir hören sein Wehgeschrei nicht.« Und der Herr war betrübt und sagte: »Wehe euch, die ihr nicht hört, wie sich das Tier bei seinem Schöpfer im Himmel beklagt und um Erbarmen bittet. Doch dreimal wehe dem, der seine Klage und sein Wehgeschrei zu verantworten hat.« Er trat vor und berührte das Tier. Es erhob sich, und seine Wunden waren geheilt. Und Jesus sagte zu dem Mann: »Zieh hin und schlage es nicht mehr, auf dass auch dir Barmherzigkeit widerfahre.«

angeblich einem koptischen Bibelmanuskript hinzugefügt

Dieser ungewöhnliche Text, der dem Anschein nach der Geschichte eines Heilwunders nachempfunden ist, ist Teil einer Sammlung, die von dem deutschen Gelehrten Julius Böhmer um 1900 zusammengestellt wurde. Der Text stammt von einem kurze Zeit zuvor verstorbenen Autor, der behauptet hatte, ihn in der

Pariser Bibliothek in einem koptischen Bibelmanuskript entdeckt zu haben. Das Original wurde allerdings nie gefunden. Wahrscheinlich handelt es sich um eine Fälschung.

Eine ähnliche Episode erscheit in dem gefälschten Evangelium der Heiligen Zwölf, 21, 1-6, siehe unten.

Es geziemt sich nicht, dass ein Sohn seine Mutter verdrängt und ihren Platz einnimmt. Wer seine Mutter, das nach Gott am meisten geheiligte Wesen, nicht achtet, verdient es nicht, Sohn genannt zu werden.

Höret also, was ich euch sage: Achtet die Frau, denn sie ist die Mutter der Welt, und alle Wahrheit der göttlichen Schöpfung liegt bei ihr.

Sie ist der Ursprung alles Guten und Schönen, aus ihr erwachsen Leben und Tod. Die ganze Existenz der Menschheit hängt ab von ihr, denn sie ist dessen natürlicher und moralischer Halt.

Sie gebiert euch unter Schmerzen, zieht euch auf im Schweiß ihres Angesichts und sorgt sich um euch bis zu ihrem Tod. Segnet sie und huldigt ihr, denn sie ist euer einziger Freund und eure einzige Stütze auf Erden.

Liebt und achtet so auch eure Frauen, denn sie werden die zukünftigen Mütter sein und Ahninnen ganzer Völker.

Seid Frauen gegenüber sanftmütig. Ihre Liebe veredelt den Mann, erweicht sein verhärtetes Herz, zähmt das Wilde in ihm und macht ihn zum Lamm.

Das Leben des heiligen Issa 12, 9-15

In vielen Aussagen Jesu, sowohl in kanonischen wie nicht kanonischen Texten, verleugnet Jesus seine Mutter und seine Familie. Notowitschs Jesus spricht ganz anders und preist die Frau in ihren vielen Rollen.

◆ Der russische Journalist Nikolaus Notowitsch veröffentlichte *Das Leben des heiligen Issa* Ende des 19. Jahrhunderts. Aus dieser Quelle schöpfen all jene, die Spekulationen über den angeblichen Aufenthalt Jesu in Tibet und Indien anstellen. Das Buch enthält vermeintliche Übersetzungen von Texten, die Notowitsch entdeckt haben will. Sein Werk wurde längst als Fälschung entlarvt, doch das Interesse an den unbekannten Jahren Jesu und seine Verbindungen nach Indien dauern an.

Das Geheimnis der Natur liegt in den Händen Gottes. Denn ehe die Welt in Erscheinung trat, existierte sie in den Tiefen der göttlichen Gedanken. Sie nahmen Gestalt an und wurden sichtbar kraft des allerhöchsten Willen.

Wenn ihr euch an ihn wendet, werdet wie die Kinder, denn ihr kennt weder Vergangenheit, Gegenwart noch Zukunft, und Gott ist der Herr über alle Zeit.

Das Leben des heiligen Issa 11, 14-15

Betrete, wenn du beten willst, deine Kammer, verschließ die Tür hinter dir und bete zu Vater-Mutter, der geheimen Einheit, und sie, die im Geheimen waltet, wird dich offen anerkennen.

Und wenn du in Gemeinschaft betest, so tue nicht den Heiden gleich, die eitle Bittgesuche vortragen und glauben, gehört zu werden, wenn sie denn nur viele Worte machen. Sei getrost, dein himmlisches Elter weiß, was du nötig hast, bevor du darum bittest. Bete also, wenn du in Gemeinschaft bist, in dieser Weise:

Unser Elter, das du bist im Himmel. Geheiligt sei dein Name. Dein Reich komme. Dein Wille geschehe, im Himmel wie auf Erden. Gib uns täglich unser Brot und die Frucht des lebendigen Weins. Vergib uns unsere Schuld, damit wir anderen vergeben. Lass uns, wenn wir in Versuchung geraten, nicht allein. Erlöse uns von dem Bösen, denn dein ist das Reich und die Kraft und die Herrlichkeit, in Ewigkeit. Amen.

Das Evangelium der Heiligen Zwölf 26, 4-6

Das Evangelium der Heiligen Zwölf (auch das »Evangelium des Vollkommenen Lebens« genannt) ist weitestgehend eng angelehnt an die kanonischen Evangelien. Auffällig am Gebet des Herrn ist die Beifügung »die Frucht des lebendigen Weins« wie auch die Vater-Mutter-Elternschaft Gottes.

◆ Der Pfarrer G. J. Ouseley behauptete, das Evangelium der Heiligen Zwölf sei das verlorene Original, das den vier Evangelien zugrunde gelegen habe. Ihm zufolge wurde das Evangelium der Heiligen Zwölf den Herausgebern »in Fragmenten und zu unterschiedlichen Zeiten [offenbart, und zwar] durch Emmanuel Swedenborg, Anna Kingsford und Edward Maitland sowie einem Priester des vorigen Jahrhunderts, der sich Placidus nannte und zunächst dem Franziskanerorden, dann den Karmelitern angehörte. Ihnen habe es oblegen, das übersetzte und ihnen persönlich ausgehändigte Original an den entsprechenden und als solche kenntlich gemachten Stellen um die ›Vier Evangelien‹ zu ergänzen, die, wo nötig, von denselben zu revidieren waren.« Ferner wurde behauptet, dass das Original den Essenern auf medialem Weg zugekommen war und von diesen aufbewahrt wurde.

Jesus hatte gerade an einem Ort in der Nähe von Tiberias, an dem es sieben Brunnen gibt, eine Ansprache gehalten, da begab es sich, dass ihm ein junger Mann lebendige Kaninchen und Tauben brachte, damit er diese mit seinen Jüngern esse.

Jesus betrachtete den jungen Mann mit liebevollem Blick und sagte: »Du hast ein gutes Herz, und Gott wird dich erleuchten. Aber weißt du nicht, dass Gott dem Menschen die Früchte der Erde zu essen gab, damit er nicht das Fleisch und Blut seiner Mitgeschöpfe verzehre und also geringer wäre als der Affe oder Ochse, das Pferd oder Schaf?«

Das Evangelium der Heiligen Zwölf 28

Wie der Jesus des Friedensevangeliums der Essener ist auch dieser Jesus ein Vegetarier. Auch die judenchristlichen Ebioniter waren Vegetarier, weshalb sie auch Tieropfer ablehnten.

Siehe, Johannes ist ein tüchtiger Fischer, der Menschenseelen fischt. Er wirft sein großes Netz über dem Meer des menschlichen Lebens aus, holt es ein, und es ist voll.

Doch was für ein Durcheinander darin ist! Krabben und Hummer, Haie und Kriechtiere und nur hier und da ein Fisch der besseren Sorte.

Das Wassermannevangelium von Jesus dem Christus 67, 11-12

In einer reizvollen Ausschmückung der Metapher vom Fischer, wie sie in den kanonischen Evangelien häufig zu finden ist, enthält das Fischernetz hier Krabben, Hummer, Haie und Kriechtiere. Allerdings scheint der Autor des *Wassermannevangeliums von Jesus dem Christus* übersehen zu haben, dass Schalentiere, zu denen auch Krabben und Hummer gehören, nach jüdischer Lehre unrein sind.

◆ *Das Wassermannevangelium von Jesus dem Christus* erschien erstmals 1907. Von diesem Text wird nicht behauptet, dass er einer alten unbekannten Quelle entspringe. Es sei ihm vielmehr, so sein Verfasser Levi Dowling, aus der Akasha-Chronik diktiert worden, es handelt sich um eine frühe Form des »Channeling«. Jesus wird auch hier während seiner historisch unbelegten Jahre in Indien vermutet, außerdem in Tibet, Persien, Assyrien, Griechenland und Ägypten. *Das Wassermannevangelium von Jesus dem Christus* ist ein sehr umfangreiches Werk und um einiges ausführlicher als jedes der anderen Evangelien. Ein Großteil davon ist den kanonischen Schriften entnommen und erweitert diese.

Siehe, der König ist gekommen, doch es ist nicht Jesus.

Das Königreich ist wahrhaftig gegenwärtig; die Menschen aber sehen es nicht mit ihren leiblichen Augen. Sie können den König auf seinem Thron nicht erkennen.

Dies ist das Königreich der Seele; sein Thron ist kein irdischer, sein König kein Mensch.

Das Wassermannevangelium von Jesus dem Christus 71, 2-4

Kaum ein Jesuswort aus antiken Manuskripten, ob aus christlichen, gnostischen oder muslimischen, ist in seinen Ausführungen über das Königreich so explizit wie dieses.

Eure Mutter ist in euch, und ihr seid in ihr. Sie brachte euch zur Welt und schenkte euch Leben. Sie war es, die euch euren Körper gab, und ihr werdet ihn ihr eines Tages zurückgeben. Glücklich werdet ihr sein, wenn ihr die Wahrheit über sie und ihr Königreich erfahrt, wenn eurer Mutter Engel zu euch kommt und ihr nach ihren Gesetzen handelt. Wahrlich, ich sage euch, wer diese Dinge tut, wird nie krank werden. Denn die Macht eurer Mutter überragt alles. Sie vernichtet den Satan und sein Reich, herrscht über all eure Körper und alles Leben. Das Blut, das in uns fließt, ist aus dem Blut unserer Erdenmutter geboren. Ihr Blut regnet aus den Wolken, quillt aus dem Schoß der Erde hervor, springt in Sturzbächen von den Bergen herab, strömt durch die Flüsse der Ebene, schläft in den Seen und wogt mächtig im stürmischen Meer.

Friedensevangelium der Essener, Buch eins

Das Friedensevangelium der Essener legt großes Gewicht auf die Bedeutung der Erdenmutter als das Gegengewicht zum himmlischen Vater. Als Szekely dieses Evangelium schrieb, waren die Schriftrollen vom Toten Meer noch nicht entdeckt. Von den Essenern wusste er deshalb nur das, was von Josephus, Philo und Plinius überliefert ist.

- *Das Friedensevangelium der Essener* wurde von Edmond Bordeaux Szekely aus aramäischen und hebräischen Manuskripten übersetzt, die er angeblich in der geheimen Bibliothek des Vatikans gefunden hatte, allerdings nie im Original vorlegen konnte. Erstmals wurde *Das Friedensevangelium der Essener* 1928 in Deutschland herausgegeben, dann 1937 in England.

Sucht die frische Luft der Wälder und Felder auf, dort werdet ihr den Engel der Luft finden. Zieht eure Schuhe und Kleider aus und lasst eure Körper vom Engel der Luft umschlingen. Atmet dann tief ein, damit der Engel der Luft in euch eindringe. Wahrlich, ich sage euch, der Engel der Luft wird alles Unreine, das euch äußerlich und innerlich beschmutzt, von euch nehmen.

Friedensevangelium der Essener, Buch eins

Und Jesus schaute ihn an. Er war bekümmert und fragte: »Was ist mit Johannes?« Der Mann antwortete: »Er wurde an diesem Tag getötet. Man enthauptete ihn in seiner Gefängniszelle.« Daraufhin hob Jesus seinen Kopf; er sonderte sich ein paar Schritte von uns ab. Wenig später stand er wieder in unserer Mitte und sagte: »Es steht sehr wohl in der Macht des Königs, einen Propheten zu erschlagen; wahrlich, er will damit seinen Untertanen gefallen. Auch die Könige von einst zögerten nicht, einen Propheten den Kopfjägern zu überlassen. Ich trauere nicht um Johannes, sondern um Herodes, der das Schwert sprechen ließ. Armer König, er ist wie ein gefangenes Tier, das an einem Nasenring herumgeführt wird. Armselige Tetrarchen, die sich in ihrer eigenen Düsternis verlieren, stolpern und fallen. Was gäbe es in stehendem Wasser anderes als tote Fische? Ich verachte die Könige nicht. Mögen sie getrost über Menschen herrschen, aber nur, wenn sie weiser sind als diese.«

Jesus Menschensohn, Kapitel 32

Jesus reagiert gefasst und edelmütig auf die Nachricht von der Hinrichtung Johannes' des Täufers durch Herodes. Dieser Auszug aus einem literarischen Werk der Moderne, das nicht als Resultat religiöser Überlieferung verstanden sein will, geschweige denn als Fälschung intendiert war, entwickelt eine völlig andere und eigene Sicht auf Jesus.

- Kahlil Gibrans *Jesus Menschensohn* von 1928 stellt Jesus aus dem Blickwinkel derer dar, die ihn kannten.

Es handelt sich um ein literarisches Werk, um eine Fiktion, nicht um eine Fälschung.

»Es wird ein Heulen und Zähneklappern geben.«

»Aber Rabbi, wie könnte dies sein bei denen, die keine Zähne haben?« Jesus, so heißt es, habe darauf geantwortet: »Oh ihr Kleingläubigen! Sorgt euch nicht. Wer keine Zähne hat, dem werden Zähne gegeben.«

»An Amusing Agraphon«, Catholic Biblical Quarterly 12 (1959): 439-449

P. R. Coleman-Norton behauptete, diesen Text während des Zweiten Weltkriegs in der Bibliothek einer marokkanischen Moschee entdeckt zu haben. Der Text wurde schließlich, mit gelehrten Anmerkungen versehen, in der Zeitschrift *Catholic Biblical Quarterly 12* veröffentlicht. Professor Bruce Metzger, ein Experte für Textkritik, entlarvte ihn als Fälschung und machte darauf aufmerksam, dass er diesen Scherz bereits als Student in den Seminaren von Coleman-Norton gehört hatte.

Als sie am selbigen Tag später über den Marktplatz gingen, sah Jesus, wie Händler Kardamom, Koriander und Nelken mit Silber und Bronze aufwogen. Und er sagte zu ihnen: »Seht zu, dass ihr Maß haltet. Denn wer jetzt die Armen übervorteilt, wird im künftigen Zeitalter selbst übervorteilt werden. Diejenigen aber, die jetzt Maß halten, werden künftig über die Maßen belohnt werden.«

Thaddäusevangelium 57-59

Thaddäus gehörte zu den zwölf Aposteln und soll selbst ein Evangelium geschrieben haben. Das Thaddäusevangelium aber, aus dem diese Zeilen stammen, ist eine Fälschung des russischen Gelehrten Jurij Grigoriew, der mit der Schaffung eines apokryphen Evangeliums unter Zuhilfenahme moderner Techniken der Textkritik ein Experiment versuchte. Der Text besteht zum Großteil aus abgewandelten Auszügen aus den kanonischen Evangelien. Der hier zitierte Abschnitt klingt zwar durchaus glaubhaft, würde aber wohl kaum die Welt erleuchten, wenn man ihn heute irgendwo in Ägypten oder sonstwo ausgrübe.

Maria sagte: »Ich liebe dich, Ye Su.« Ye Su erwiderte: »Das ist gut für den Anfang. Das Königreich ist aus Liebe geboren.«

The Secret Sayings of Ye Su 11

Der Autor dieses Dialogs spielt mit dem derzeitigen Interesse an Maria Magdalena als vermeintliche Geliebte Jesu und versucht, ihre Rolle neu zu spiritualisieren.

◆ Jay G. Williams ist Professor für Religionswissenschaften am Hamilton College und Autor mehrerer Bücher über das Christentum und den Buddhismus, die von angesehenen Verlagen herausgegeben wurden. Das Buch *The Secret Sayings of Ye Su: A Silk Road Gospel* erschien allerdings auf eigene Kosten. Er beschreibt darin, wie ihm über die Herren Wang und

Chang ein Manuskript zugespielt wurde, das, obwohl es sich um ein chinesisches Evangelium handelt, in der altgriechischen Koine-Sprache verfasst wurde. Wang und Chang, so der Verfasser, hätten ihm nicht erlaubt, den Originaltext zu veröffentlichen. *The Secret Sayings of Ye Su* ist ganz offensichtlich eine Fälschung, obwohl die zahlreichen Anmerkungen durchaus präzise Informationen zur Absicherung des Gesagten beisteuern. Williams verfolgte keine bösartige Absicht. Wahrscheinlich wollte er versuchen, wie weit er mit seiner Erfindung eines taoistisch-christlichen Evangeliums gehen konnte.

Seid in allen Dingen achtsam. The Secret Sayings of Ye Su 43

Ein überzeugender buddhistischer Sinnspruch, der dem zweiten Vers aus Kapitel 11 des ersten Korintherbriefs entspricht: »Ich lobe euch, dass ihr in allen Dingen meiner gedenket.«

Anmerkungen

Einführung

1 Das Thomasevangelium ist hinlänglich bekannt und liegt in vielen exzellenten Übersetzungen vor. Es würde den Rahmen dieses Buches sprengen, in angemessener Weise darauf einzugehen. Für Interessierte empfehle ich meine eigene Übersetzung in: *The Gospel of Thomas: A New Version Based on Its Inner Meaning* (Oregon House, CA: Ulysses Books, 2002) und Stevan Davies' *The Gospel of Thomas: Annotated & Explained* (Woodstock, VT: SkyLight Paths Publishing, 2002).

2 William Strokers *Extracanonical Sayings of Jesus* (Atlanta, GA: Scholars Press, 1989) ist die moderne Standardsammlung schlechthin. Sie ist sehr hilfreich, schenkt aber dem gnostischen Material zu wenig Beachtung und unterschlägt, was nicht christlichen/gnostischen/jüdischen Ursprungs ist.

3 Siehe zum Beispiel Kapitel 5 in Robert Prices *Deconstructing Jesus* (Amherst, NY: Prometheus Books, 2000).

4 Dagegen vertritt Stevan Davies in seiner Studie des frühen Christentums – *Jesus the Healer* (New York: Continuum, 1995) – die Auffassung, dass die Johannes-Diskurse ein Ergebnis der »im Geist« gesprochenen Worte Jesu seien, während die Logien der synoptischen Überlieferung von Jesus persönlich ausgesprochen wurden.

5 An dieser Stelle sei vermerkt, dass ich die alternative Sichtweise bevorzuge, nämlich die Farrer-Hypothese, die in Gelehrtenkreisen gegenüber der Zweiquellentheorie an Gewicht zunimmt. Die Farrer-Hypothese findet triftige Anzeichen dafür, dass Lukas das Matthäusevangelium kannte. Demnach wäre die Q-Annahme gegenstandslos.

6 Auf eine Anfrage des Autors vom 20. September 2005 antwortete der Q-Spezialist William Arnal: »Obwohl auch ich davon überzeugt bin, dass die Logien-Überlieferung der *biografischen* Erzähltradition zeitlich vorausgeht, bin ich nicht der Meinung, dass wir zwingend daraus folgern müssten, diese frühere Tradition sei die authentische. Meine eigenen Arbeiten zum Thema Q und die in diesem Zusammenhang erfolgten Untersuchungen des Materials aus mündlich überlieferten Quellen haben mich zu der Auffassung geführt, dass die Ideenlehre Qs nicht einmal in ihrer frühesten Phase in der mündlichen Tradition enthalten ist; dass vielmehr die mündliche Tradition angepasst und opportun modifiziert wurde in der Absicht, Jesus gewissermaßen zum Sprachrohr der Urheber von Q zu machen.

Weiterführende Literatur

Ahmad, Sheikh N.: *Jesus im Quran*. Frankfurt am Main: Der Islam, 2. Aufl. 1985

Barnstone, Willis, und Meyer, Marvin (Hrsg.): *The Gnostic Bible*. Boston: Shambhala 2002

Bauschke, Martin: *Jesus im Koran*. Köln: Böhlau 2001

Bruce, F. F.: *Außerbiblische Zeugnisse über Jesus und das frühe Christentum*. Gießen: Brunnen. 4. Aufl. 1999

Cameron, Ron: *The Other Gospels: Non-Canonical Gospel Texts*. Philadelphia, PA: The Westminster Press 1982

Carlson, Stephen C.: *The Gospel Hoax: Morton Smith's Invention of Secret Mark*. Waco, TX: Baylor University Press 2005

Ceming, Katharina, und Werlitz, Jürgen: *Die verbotenen Evangelien. Apokryphe Schriften*. Wiesbaden: Marix 2004

Crossan, J. D.: *The Birth of Christianity: Discovering What Happened in the Years Immediately After the Execution of Jesus*. San Francisco: HarperSanFrancisco 1999

Davies, Stevan L.: *The Gospel of Thomas: Annotated and Explained*. Woodstock, VT: SkyLight Paths 2002

Davies, Stevan L.: *The Secret Book of John: Annotated and Explained*. Woodstock, VT: SkyLight Paths 2005

Dietzfelbinger, Konrad: *Apokryphe Evangelien aus Nag Hammadi. Vollständige Texte*. Königsdorf: Königsdorfer-Verlag. 4. Aufl. 2004

Dunkerley, Roderic: *Beyond the Gospels*. London: Penguin 1957

Ehrmann, Bart: *Lost Christianities: The Battles for Scripture and the Faiths We Never Knew*. New York: Oxford University Press 2003

Ehrmann, Bart: *Lost Scriptures: Books That Did Not Make It into the New Testament*. New York: Oxford University Press 2003

Elliott, J. K.: *The Apocryphal New Testament*. Oxford: Clarendon Press 1993

Fitzgerald, Edward, McCarthy, Justin, und Le Gallienne, Richard: *The Quartrains of Omar Khayyam*. Oregon House, CA: Bardic Press 2005

Funk, Robert W., und Hoover, Roy W. (Hrsg.): *The Five Gospels: What Did Jesu Really Say?* San Francisco: HarperSanFrancisco 1993

Hennecke, Edgar (Hrsg.): *Die verborgenen Akten der ersten Christen. Apokryphe Apostelgeschichten*. Wiesbaden: Marix 2006

James, M. R.: *The Apocryphal New Testament*. Oxford: Oxford University Press 1955

Khalidi, Tarif: *Der muslimische Jesus*. Düsseldorf: Patmos 2002

Koester, Helmut: *Ancient Christian Gospels: Their History and Development*. Harrisburg, PA: Trinity Press 1990

Layton, Bentley: *The Gnostic Scriptures: A New Translation with Annotations and Introductions*. Garden City, NY: Doubleday 1995

Layton, Bentley (Hrsg.): *Nag Hammadi Codex II, 2-7*. Leiden und New York: Brill 1989

Mayotte, Ricky Alan: *The Complete Jesus*. South Royalton, VT: Steerforth Press 1997

Meyer, Marvin: *The Gospel of Thomas: The Hidden Sayings of Jesus*. San Francisco: HarperSanFrancisco 1992

Meyer, Marvin: *The Unknown Sayings of Jesus*. San Francisco: HarperSanFrancisco 1998

Meyer, Marvin, und Smith, Richard (Hrsg.): *Ancient Christian Magic*. San Francisco: HarperSanFrancisco 1994

Miller, Robert J. (Hrsg.): *The Complete Gospels*. Sonoma, CA: Polebridge Press 1992

Morrice, William G.: *The Hidden Sayings of Jesus*. Peabody, MA: Hendrickson 1997

Nadich, Judah: *Jewish Legends of the Second Common-*

wealth. Philadelphia, PA: The Jewish Publication Society of America 1983

Nadich, Judah: *The Legends of the Rabbis Volume 2: The First Generation after the Destruction of the Temple and Jerusalem*. Northdale, NJ: Jason Aronson Inc. 1994

Nurbakhsh, Javad: *Jesus in the Eyes of the Sufis*. London: Khaniqahi-Nimatullahi 1992

Palmer, Martin: *Die Jesus Sutras. Die wiedergefundenen Evangelien und Kultstätten des taoistischen Christentums in China*. München: Ansata 2002

Price, Robert M.: *Deconstructing Jesus*. Amherst, NY: Prometheus Books 2000

Robinson, James (Hrsg.): *The Nag Hammadi Library in English*. San Francisco: Harper & Row 1988

Robson, James: *Christ in Islam*. Oregon House, CA: Bardic Press 2005

Scheemelcher, Wilhelm (Hrsg.): *New Testament Apocrypha Volume One: Gospels and Revised Writings*. Louisville, KY: Westminster/John Knox Press 1991

Smith, Andrew Phillip: *The Gospel of Philip: Annotated & Explained*. Woodstock, VT: SkyLight Paths 2005

Smith, Andrew Phillip: *The Gospel of Thomas: A New Version Based on Its Inner Meaning*. Oregon House, CA: Ulysses Books 2002

Stroker, William: *Extracanonical Sayings of Jesus*. Atlanta, GA: Scholars Press 1989

Vermes, Geza: *Jesus the Jew: A Historian's Reading of the Gospels*. London: Collins 1973

Wilson, Ian: *Are These the Words of Jesus?* Oxford: Lennard Publishing 1990

Das Leben – Schicksal oder Zufall?

Wulfing von Rohr
Geheimnisvolle Palmblattbibliotheken
Das Leben –
Schicksal oder Zufall?
140 Seiten, Paperback
ISBN 978-3-363-03092-1

Die indischen Palmblattbibliotheken sollen exakte Informationen über das Schicksal und die Lebensumstände all jener Menschen enthalten, die sich auf die Suche nach ihrem persönlichen Palmblatt begeben. Ist unser Leben also Schicksal oder Zufall, Karma oder Chaos? Dieses grundlegende Buch sucht Antworten auf die uralten Fragen nach dem Sinn des Lebens: Müssen wir Verantwortung übernehmen oder ist ohnehin alles, was passiert, längst festgelegt? Geschehen Dinge aus Zufall oder Vorherbestimmung?

www.luechow-verlag.de